Micha-El Goehre

**Wenn das Leben kein Ponyhof ist,
warum liegt dann Stroh in der Ecke?**

MICHA-EL GOEHRE

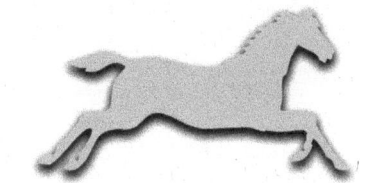

Wenn das Leben kein Ponyhof ist, warum liegt dann Stroh in der Ecke?

GESCHICHTEN

SATYR VERLAG

MICHA-EL GOEHRE

wurde 1975 geboren und kommt aus Ostwestfalen. Er liest vor (auf Lesebühnen, bei Poetry Slams), legt auf (Heavy Metal), schreibt und moderiert. Über 500 Auftritte und Lesungen in Deutschland, Luxemburg und der Schweiz.

Mit »Jungsmusik« und »Höllenglöcken«, den ersten beiden Bänden seiner Trilogie um eine Clique Heavy-Metal-Fans, landete er zwei bei Publikum und Musikpresse viel beachtete Hits.

»Der Mann verbindet Kennerblick mit Komik.« *(Melodie & Rhythmus)*

1. Auflage November 2014

© Satyr Verlag Volker Surmann, Berlin 2014
www.satyr-verlag.de

Cover: Paul Bokowski, unter Verwendung eines Fotos von © Paulista/Fotolia.com
Autorenfotos Backcover: Katja Blondin (www.katja-blondin.de)
Druck: CPI Books, Clausen & Bosse, Leck
Printed in Germany

Die Deutsche Nationalbibliothek verzeichnet diese Publikation in der Deutschen Nationalbibliografie; detaillierte bibliografische Daten sind im Internet abrufbar über: http://dnb.d-nb.de

Die Marke »Satyr Verlag« ist eingetragen auf den Verlagsgründer Peter Maassen.

ISBN: 978-3-944035-39-0

Inhalt

Prolog: Ich bin kein Lehrerkind – **7**

Glückskeksmomente.
Das Leben, die Bekloppten, die Glückskekse und der ganze Rest

Neue Lyrik braucht das Land! – **11**
Glückskeksmomente – **12**
Unpeinlich berührt – **16**
Holger, ein Mädchen wie alle anderen auch – **17**
Frühlingsgefühle again – **21**
Tag im Meer – **22**
Hauptsache, die Kinder sind happy – **28**
Menschenfischerin – **30**
Seattle reloaded – **34**
YOLO! – **35**
Brummhilde – **37**
Nordstern, halbes Hähnchen – **40**
Tiger & ich – **45**
Ich bin so wuschig – **47**
An intercity carol – **51**
Post mortem – **56**
Fünf Sterne für Ornithophobie – **58**
Hoffnung und Dietze – **60**
Mein 9/11-Trauma (Auch in DEINER Stadt) – **66**

Tagebuch eines Black-Metal-Fans
Tagesablauf eines Black-Metal-Fans – **69**
Im Urlaub – **73**
Höllenglocken – **77**
In Love with Satan – **82**
Tatütata – **85**
Himmel, Hölle und Walhall – **89**

Familienbande.
Die schweren Jahre ab 14
Oqooohoo, Arschloch! – **95**
Meine ersten Zweit-Eltern – **103**
Scharfe Schwester – **112**
Omma Tot – **116**
Opa und der ewige Krieg – **124**

Pärchenscheiße.
Über das Ver- und Entlieben und das ganze Kriegsgebiet dazwischen
I bet you look good on the dancefloor – **131**
Auf der Suche nach Mr. Wrong – **134**
Schon schön – **138**
Occupy Zugabteil – **141**
Mach mir den Blaubart! – **146**
112 Wege, seine Exfreundin zu töten – **150**

Epilog: Das Leben ist kein Ponyhof – **155**

Prolog

ICH BIN KEIN LEHRERKIND

Und auch kein Lehrer.

Ich bin nicht dermaßen sozial isoliert, dass ich anfange, mit meinem Hund oder meiner Katze SMS-Nachrichten auszutauschen. Ich habe gar keine Katze. Und keinen Hund. Und selbst wenn, würde ich es trotzdem nicht tun.

Ich fordere auch niemanden auf, mir seine oder ihre lustigsten unlustigen Reiseerlebnisse oder Zugdurchsagen zu schicken, um das dann als eigenes Buch zu verticken.

Vampire und Scheidenpilze finde ich eher unspannend.

Mich hat auch nie jemand in den Keller gesperrt, und ich habe keinen Langweiler-Bundespräsidenten geheiratet, der seinen Job schmeißt und dafür dann bis zu seinem Lebensende fürstlich entlohnt wird, um anschließend über dieses harte Los zu lamentieren.

Ich möchte auch keine faschistoiden Weltanschauungen loswerden oder mich als Moralist aufspielen, nachdem ich besoffen mit dem Auto durch Hannover gecruist bin.

Seien wir ehrlich: Einen Bestseller habe ich nicht geschrieben.

Ich habe einfach nur ein paar Texte zusammengetragen, die

euch ein bisschen den Tag aufpeppen sollen. Nicht mehr, nicht weniger.

Einen roten Faden findet ihr beim Schneider, und wer einen tieferen Sinn sucht, sollte lieber mit der Bathysphäre in den Marianengraben tauchen.

Allen anderen wünsche ich viel Spaß beim Lesen. Und denkt immer daran: Das Leben ist wie ein Glückskeks. Es bröselt, und irgendjemand reißt immer einen blöden Spruch.

Faust aufs Auge, Arsch auf Eimer!

Sincerely,
Micha

NEUE LYRIK
BRAUCHT DAS LAND!

Ich schreib dir mit Brausepulver ein Gedicht.
Es reimt sich nicht,
doch es prickelt.

GLÜCKSKEKSMOMENTE

Seitdem ich neulich entdeckt habe, dass die chinesische Küche mehr zu bieten hat als »kochendes Wasser drüberkippen, einmal umrühren und runterschlingen«, bin ich Stammgast im China-Restaurant. Dabei geht es mir weniger um Peking-Enten, Glasnudeln oder Reiswein als vielmehr um die Glückskekse.

Glückskekse sind die einzigen Kekse, bei denen es egal ist, dass sie schmecken wie Verpackungsware, weil sie ja auch Verpackungsware sind. Bei ihnen kommt es auf den Inhalt an, womit Glückskekse auf einer Stufe mit guten Filmen, Wodkaflaschen oder dem Playboy stehen. Sie sind die Urgroßeltern der Überraschungseier, die Vorstufe zu Spiel, Spaß, Spannung und Schokolade.

Man ist nach dem Chinamahl satt und zufrieden und hat statt eines fettigen Vanillepuddings mit einer Haut wie an schwieligen Elefantenfüßen das spannende Erlebnis einer kleinen, persönlichen, positiven Prophezeiung.

Ich saß also da bei Herrn Wong und freute mich auf das Brechen des asiatischen Brotes und sann darüber nach, wie sehr ich diese Glückskeksmomente liebe. Momente, in denen Gutes passiert, obwohl oder gerade weil man es nicht erwartet:

Wenn du zum Beispiel eine Frau anhimmelst und dich dann endlich traust, sie anzusprechen, und es läuft alles gut, du fragst sie nach ihrer Telefonnummer, sie lächelt dich an und flüstert in dein Ohr: »Die habe ich schon in deinen Kotflügel geritzt«, und du denkst, wie praktisch es ist, sich heute das Auto deiner großen Schwester ausgeliehen zu haben.

Ein Glückskeksmoment ist, wenn du das erste Mal die Stützräder von deinem allerersten Fahrrad abnimmst und mit zittrigem Lenker die ersten Meter wackelst, dann sicherer wirst, in die Pedale trittst und fährst und fährst, und du hörst deinen alten Herrn hinter dir applaudieren und rufen: »Siehst du, wer hat gesagt, mit Mitte dreißig kann man nichts mehr lernen?!«

So ein Glückskeksmoment, in dem du auf der Mauer einer hohen Burg stehst, und über dir kackt eine Taube. Aber sie verfehlt dich, der Schiss fällt in die Tiefe, und du denkst: »Jetzt aber!«, und spuckst hinterher, und deine Spucke gewinnt.

Es ist ein Glückskeksmoment, wenn du auf einer knallgelben Luftmatratze den Mittellandkanal hinuntertreibst, die Melodie von »Love me tender« pfeifst und es einfach mal drauf ankommen lässt, ob dich der Wärter an der nächsten Schleuse ernst nimmt.

Wenn du an einem schönen Sommerabend mit Freunden im Biergarten sitzt, und du lehnst dich zurück, hörst und siehst ihnen zu, wie sie schwatzen und lachen, und du grinst, bis dir fast die Ohren vom Kopf fallen, weil du mit diesem tollen Haufen befreundet bist und jetzt in diesem Moment alles passt, und du willst ihn nehmen und zusammenrollen und auf ein kleines Stück Teig legen, welches du faltest und zu einem Glückskeks verbackst; und wenn es dir mal dreckig geht, dann kannst du den Keks brechen und den Moment einfach noch mal erleben, und alles ist tofte.

Es ist ein Glückskeksmoment, wenn du von einem Arschlochtypen blöd angemacht wirst, nur weil du ihn nach der Uhrzeit gefragt hast und er in seinem Kleingeisthirn dachte, du wolltest ihn anschnorren, und er sieht schwer zufrieden aus, es diesem Punk mal so richtig gezeigt zu haben, dann bleibt er mit dem rechten Augenlid am Außenspiegel eines vorbeifahrenden Schulbusses hängen.

Wenn du Fußball guckst, die Arminia Bielefeld führt 2:0 und kassiert dann in den letzten fünf Minuten noch drei Gegentore, und du verlässt das Stadion und denkst, wie praktisch es doch ist, dass du überhaupt nicht auf Fußball stehst und jetzt nicht wie die anderen Telefonzellen anzünden und die Fans der gegnerischen Mannschaft verkloppen musst. Stattdessen spielst du entspannt eine Runde Minigolf und lieferst achtzehn hole-in-ones ab, und du weißt: So geht echter Männersport!

Ein Glückskeksmoment ist, wenn beschlossen wird, dass man doch eine elfte Staffel von *Friends* drehen wird.

Ein Glückskeksmoment ist, wenn sich der Fallschirm nicht öffnet und du feststellst, dass du exakt auf die geöffnete Dachluke der weltgrößten Daunenfederkissenfabrik zusteuerst.

Ein Glückskeksmoment ist, wenn die Leute in ihren Köpfen zu deinen Worten tanzen.

Glückskeksmomente sind die Streusel auf dem Kuchen des Lebens, und ich liebe Streusel, auch wenn ich nicht genau weiß, was Streusel eigentlich sind.

Ich saß also bei Herrn Wong und zerbröselte meinen Keks und kam mir dabei sehr superkräftemäßig vor. Ich entrollte den kleinen Zettel darin und war schon flitzebogenmäßig gespannt, was für eine Botschaft die chinesische Orakelbackware für mich und meine Zukunft enthalten würde, da las ich den folgenden Satz: »Du wirst qualvoll sterben.«

Na ja.

Da stand immerhin nicht, dass mir sofort und auf der Stelle jemand bei lebendigem Leib kochend heiße André-Rieu-CDs in den After schieben würde, was mein persönlicher Favorit unter den vorstellbaren unvorstellbaren Todesqualen ist.

Außerdem tröstete mich der Gedanke, dass diese kleinen Botschaften oftmals schauerlich übersetzt sind und es ja auch durchaus im Bereich des Möglichen liegt, dass ein bestimmtes, selten benutztes unter den vielen Tausend chinesischen Schriftzeichen sowohl »qualvoll sterben« bedeutet, als auch als »volle Kanne reich, beliebt und mit unverwüstlichen Zähnen ausgestattet« gelesen werden kann.

Und da ich bis heute nicht zu Tode zerrieben wurde, bleibt mir immer noch Zeit zu lernen, die Melodie von »Love me tender« fehlerfrei zu pfeifen, mir eine knallgelbe Luftmatratze zu kaufen und es dann darauf ankommen zu lassen.

UNPEINLICH BERÜHRT

Da stand ich also da, etwa zwei, drei Meter abseits des Parkweges im Gebüsch, und ich hätte ja vorher drauf wetten können: Keine dreißig Sekunden steh ich da, schon keift mich eine alte Dame von hinten an: »IGITT! Muss das sein, dass Sie hier in aller Öffentlichkeit pinkeln? Das ist ja wi-der-lich!«

Ohne mich umzuwenden, weil das in dieser Situation irgendwie unpassend gewesen wäre, entgegnete ich: »Au contraire, werte Dame, ich pinkle gar nicht. Ich wichse.«

»Um Himmels willen!«, kreischte die Frau wieder. »Das konnte ich ja nicht ahnen. Ich dachte, Sie urinieren, hier, wo Sie alle sehen können. Das war ein Missverständnis meinerseits, tut mir sehr leid.«

»Ach«, sagte ich abwinkend. »Das macht nix, so ein Irrtum kann ja jedem mal unterlaufen.«

Die Frau entschuldigte sich noch einmal, wünschte mir gutes Gelingen und ging ihres Weges. Ich konnte meine Masturbation in Ruhe weiterführen, bis ich mit einem sehr entspannenden Orgasmus eine erkleckliche Anzahl Buschblüten mit meinem Samen bestäubte.

HOLGER, EIN MÄDCHEN WIE ALLE ANDEREN AUCH

Ich bin unterwegs mit meiner kleinen Lieblingsnichte väterlicherseits. Sie heißt Holger, ist fünf Jahre alt und sehr goldig. Von all meinen Verwandten hasse ich sie am wenigsten, und sie mag mich wohl auch sehr gerne, denn wenn sie mir gegen das Schienbein tritt, trägt sie nie ihre Hello-Kitty-Stiefelchen mit den Stahlkappen. Wie auch immer, what the fuck und weiter im Text: Holger und ich gehen durch den städtischen Park spazieren und frönen unseren Hobbys: Vögel beobachten, über Hindernisse hopsen und andere Leute übelst fertigmachen.

Wir sitzen gerade auf einer Bank und schlecken Eis, als ein Typ an uns vorbeistolziert, dessen DNS sich nicht zwischen Mensch und Pfau entscheiden konnte. Obwohl dichter Wald uns überdacht, es generell nicht das beste Wetter ist und die Sonne sich erfolglos wie eine Bielefelder Fußballmannschaft müht, die Verteidigung des FC Wolkenheim zu durchbrechen, trägt der Kerl passend zu seinem rosa Ed-Hardy-Shirt, der glitzerversteinerten Ed-Hardy-Jeans und seinem Ed-Hardy-Gesicht eine riesige Pilotenbrille. Ich finde die Dinger jenseits eines Flugzeugcockpits schon bei gleißendem Sonnenlicht recht albern, aber als rein modisches Accessoire fernab seiner praktischen Bestimmung ist so ein Teil nur noch erbärmlich. Ich lauf ja auch nicht im Winter mit meiner Badehose rum, nur weil ich das Cthulhu-Paisley-Muster so schick finde. Also stupse ich Holger an und sage: »Guck mal, Holgi, der arme Kerl wurde von seiner Freundin verprügelt, und jetzt schämt er sich für sein Veilchen.«

Holger gackert lauthals, und der Typ bleibt stehen. Holger und ich betreiben Hardcore-Lästering, das heißt, wir ziehen laut genug über Leute her, damit die es auch klar und deutlich hören. Fred Hardy kommt auf uns zugestapft und baut sich mit seinem Hulk-Hogan-Gedächtniskörper vor uns auf. Er packt mich am Shirtkragen und zieht mich zu sich hoch. Dann nimmt er die Brille ab. Natürlich hat er kein Veilchen, seine Augen sind trotzdem bemerkenswert blau und stechend.

»Hast du ein Problem, Alter?«, grunzt er.

Ich versuche, meinen Blick abzuwenden. »Entschuldige«, sage ich kleinlaut. »Ich wusste ja nicht, dass du ohne Brille noch hässlicher bist.« Der Typ grunzt verblüfft. Sein Griff wird fester, und mein Kragen gräbt sich tief in meine Haut. Er zieht mich noch näher zu sich ran. Ich kann seinen Atem spüren und vor allem riechen, eine widerwärtige Mischung aus Döner und Douglas-Filiale. »Wie? War? Das?«, keucht der Wutentbrannte.

»Na ja«, sage ich. »Ich konnte doch nicht ahnen, dass du Gesichtskrebs hast. Tut mir leid«, entschuldige ich mich aufrichtig gelogen.

Er reißt seine Augen so weit auf, dass ich beim Anblick der blutunterlaufenen Glubschbälle Lust auf eine Runde Minigolf kriege. Er lässt mich los, allerdings nur mit einer Hand und leider auch nur, um auszuholen und mir eine zu kacheln. Doch bevor er zuschlagen kann, springt Holger von der Bank herunter, erklettert das Hosenbein von Fred Hardy und kraxelt an dem vollkommen Verdutzten und Erstarrten hoch, bis sie seinen Hals erreicht. Sie angelt mit einer Hand eine vorgebundene Krawatte aus ihrer *Powerpuff-Girls*-Handtasche, legt sie ihm um und lässt sich dann fallen, während sie den Schlips weiter fest in ihrer kleinen Hand hält. Der Typ lässt mich frei und wird heruntergezogen. Das erstaunt vermutlich, aber man muss dazu sagen, dass Holger vielleicht der sprichwörtliche laufende Meter ist, aber da sie zur Hälfte Deutsche, einem Viertel Holländerin und einem Viertel

Neutronenstern ist, verfügt sie über eine extreme Körperdichte. Fred Hardy kann dem nichts entgegensetzen. Jetzt wird er an ein Gesicht herangezogen, das zwar sehr klein und putzig ist, aber auch gerade sehr böse guckt.

»Hör mal zu«, lispelt Holger. »Du hast zwei Möglichkeiten: Entweder du verpisst dich jetzt, oder ich rufe meine Freunde, die Eichhörnchen, und lasse dich von ihnen mit ihren Eicheln zu Tode vergewaltigen, du Blödi.«

Aus dem eben noch blutwurstdunklen, solariumgestählten Gesicht des Trottels ist sämtliche Farbe gewichen. »'tschuldigung ... geh ja schon ...«, stammelt er und windet sich.

Holger guckt ihn finster an. Sie sieht dabei wirklich zum Knuddeln aus. Sie zieht unseren neuen Feind zu sich, bis sie Nase an Näschen dastehen. Soll heißen, sie steht, und Fred versucht, nicht auf alle viere zu fallen. Sie nimmt dem Typen die Sonnenbrille aus der Hand und isst sie auf. »Hasta la vista, Baby«, raunt Holger, natürlich völlig akzentfrei, schließlich war einer ihrer deutschen Vorfahren Mexikaner.

Sie lässt los, und der Typ verhastalavistat sich, so schnell er kann. Wir lachen lauthals los. Holger klettert behände auf die Bank, damit wir uns High-five geben können, dann setzen wir uns und lassen unserer Heiterkeit freien Lauf, bis sie peu à peu verebbt. »Mann«, sage ich. »Für ein kleines Mädchen bist du echt ein cooler Typ.«

Sie wird rot, was sehr süß aussieht. »Danke.«

»Das müssen wir feiern«, sage ich, krame in meinem Rucksack und halte ihr eine Dose 5,0 hin. Sie sieht mich kritisch an. »Ich trinke kein Bier. Ich bin erst fünf.«

Ich sehe auf die Dose in meiner Hand. »Hm, hast recht«, gebe ich zu.

»Aber wenn du was zu rauchen hättest, wäre ich dabei«, sagt Holger.

»Was zu rauchen? Im Sinne von Kiffen? Ernsthaft?«

Sie zuckt mit ihren kleinen Schultern: »Ich hab gesagt, ich bin fünf. Ich hab nicht behauptet, dass ich straight edge bin.«

Da hat sie natürlich recht. Wir teilen uns einen Joint, betrachten die Bäume und vorbeigehende dumme, kopfschüttelnde Leute.

»Sag mal, Holgi«, unterbreche ich nach einer Weile unser Schweigen. »Wie fühlt man sich eigentlich so als erfundener Charakter?«

Sie sieht mich an und überlegt kurz. »Na ja, eigentlich wie jeder andere auch. Nur ausgedachter. Du solltest mich übrigens baldmöglichst rechtlich schützen lassen. Andere Autoren haben auch schon ein Auge auf mich geworfen.«

»Echt?«

»Na klar. Wann findet man schon eine coole Fünfjährige mit einer Dichte von 1015 Gramm pro Kubikzentimeter, die sich gerne prügelt und kifft? Du hättest mal sehen sollen, wie Patrick Salmen mich neulich angeguckt hat.«

Ich nicke. »Alles klar. Gleich morgen früh lasse ich dich eintragen, dann müssen die anderen sich ihre eigenen Nichten ausdenken.«

Sie drückt die Reste des zweiten Joints an der Bankkante aus. »Mach das«, sagt sie.

Ich stehe auf und klatsche in die Hände. »So, wir sollten los. Ich muss dich in einer halben Stunde bei deiner Mutter abliefern, sonst macht sie sich noch Sorgen.«

Sie nickt, legt den Kopf schief und macht ihre Pupillen ganz weit. »Kriege ich denn noch ein Eis?«

Ich muss lächeln. Sie mag vielleicht kein Bier, verprügelt gerne Vollidioten, die zwei Elefantenköpfe größer sind, und könnte sich eventuell irgendwann zu einem schwarzen Loch weiterentwickeln, aber im Grunde ist Holger ein fünfjähriges Mädchen wie alle anderen auch. Ich nehme sie bei der Hand, und wir machen uns auf den Weg.

»Alles, was du willst«, sage ich. »Alles, was du willst.«

FRÜHLINGSGEFÜHLE AGAIN

Wir lächeln uns an,
kommen uns nah und näher,
berühren uns auf die schönste Weise.

Ich schließe die Augen,
koste deine Lippen
und schmecke Kotze.

Zärtlich nehme ich deinen Kopf zwischen meine Hände,
lächle in dein schönes Gesicht und flüstere:
»Siehst du, ich hab dir doch gesagt,
du verträgst keinen Jägermeister.«

TAG IM MEER

9:41 Uhr:
Ich betrete den Sandstrand von Badalona. Der Vorort Barcelonas ist eine relativ touristenbefreite Zone, und es gibt Platz satt für mich und mein Badetuch. Die Sonne brennt bereits kräftigst, und ich mache mich auf ins Wasser, um mich abzukühlen. Ich bin kein großer Schwimmer, aber ich kann super planschen. Hatte ich schon als Drei-Fleischkäse-Hoch drauf, das Planschen. Zwei kleine spanische Mädchen sehen zu, wie ich etwas zögerlich in die leichte Brandung stiefele. Sie lachen keckernd, und ich frage mich, was es da zu keckern gibt. Es liegt wohl daran, dass ich der einzige Nichteinheimische hier bin und hauttechnisch als leuchtendes Beispiel diene. Was in Ostwestfalen noch als fesche Bräune durchgeht, nennt man hier 1,90 Meter Frischkäsezubereitung. Jaja, keckert nur, denke ich. Ein Tag hier am Strand, und ich gehe glatt als Südwestfale durch.

9:43 Uhr:
Ich bin hart erfrischt.

9:45 Uhr:
Fröhlich hopse ich hoch, wenn eine größere Welle anrollt. Hopsen und Planschen, da macht mir keiner was vor. Bei einer Welle vertue ich mich aber ein bisschen und werde herumgewirbelt. Spaßig, denke ich, doch die Welle wollte wohl mehr von mir und hat an meiner Hose gezuppelt. Ich will den Sitz des

James-Bond-mäßigen Beinkleids korrigieren, da bemerke ich den Grund für das Keckern der Kinder. Da habe ich doch glatt meine Badehose auf links angezogen. Und weil für die Herstellung des Kleiderschilds inzwischen mehr Stoff benutzt wird als für die Klamotte selbst, hat es für die belustigten Blagen wohl ausgesehen, als hätte ich arschwärts die weiße Fahne gehisst. Kein Problem, bin ja nicht auf den Kopf gefallen, zumindest nicht öfter als ein-, zweimal. Ich schwimme ein paar Meter Richtung Ägypten, versichere mich, dass gerade keiner guckt, und beginne dann, mir unter Wasser die Buxe auszuziehen. Bei dem Auf und Ab der Wellen ist das gar nicht so einfach. Bin untenrum ganz frei und denke: Hi hi, wenn ihr wüsstet, ihr Menschen am Strand und im Wasser. Dann friemele ich die halb geknüllte Hose unter Wasser auseinander und dreh sie wieder auf rechts, was keinerlei politische Aussage beinhalten soll.

9:47 Uhr:
Ich lerne etwas über die lokale Meeresfauna. Es gibt hier zwar keine Krokodile oder Haie, aber auf jeden Fall Fische, die groß genug sind, um einem ausgewachsenen Ostwestfalen seine James-Bond-mäßige Badehose aus der Hand zu reißen.

9:48 Uhr:
Ich hasse es, Salzwasser in die Augen zu bekommen, aber es geht nicht anders. Ich tauche unter und suche nach dem dreisten Dieb, aber der hat sich schon aus dem Schlick gemacht. So eine Sau, so eine dumme! Von meiner James-Bond-mäßigen Badehose, die mein Gemächt stets so schön betonte, keine Spur. Mein Gemächt treibt unschön frei im Wasser und betont meine Nacktheit. Mit brennenden Augen tauche ich wieder auf. Verzweifelt sehe ich zu dem sich mit Menschen füllenden Strand. Die einzigen anderen Nackten sind Kleinkinder, die dürfen so was. Wenn ich jetzt so bloß und blass zu meinem Badetuch und

meiner Jeanshose spurte, keckern nicht nur die Kinder. Mein Urlaub hat gerade erst angefangen, da möchte ich nicht schon zum Gespött der Einheimischen werden. Zumal solche Ereignisse schnell mal den Weg auf YouTube finden. Ich will nicht bekannt werden als der fahle Flitzer von Badalona.

10:01 Uhr:

Ich überlege, einfach aus dem Wasser zu spazieren und mich vor versammelter Mannschaft damit rauszureden, dass ich aus der ehemaligen DDR komme und dass man im Nudisten- und Bauernstaat halt am Strand so rumlief. Mit kulturellen Hintergründen kann man viel erklären und entschuldigen.

10:03 Uhr:

Überlege es mir anders.

11:35 Uhr :

Der Strand füllt sich langsam, aber sicher mit Menschen. Sehnsüchtig sehe ich einem jüngeren Typen in rosa Shirt und grüner Hose hinterher. Nicht weil mir sein Outfit so gut gefiele oder ich mich sexuell umorientiert hätte, sondern weil er gerade meine Sachen klaut und sich damit aus dem Strandstaub macht. Damit hat sich auch mein Plan erledigt, völlig erstaunt irgendwo in den Himmel zu zeigen, mit weit aufgerissenen Augen »Boah!« zu brüllen, und wenn alle am Strand dann in die gleiche Richtung starren, mit einem schnellen Spurt zu meiner Decke und in meine Hose zu gelangen.

12:irgendwas Uhr:

Meine angeblich wasserdichte Uhr ist nicht wasserdicht.

Später:

Eine Gruppe bleicher Touristen kommt an den Strand und wagt sich zaghaft ins Wasser. Ich paddle etwas näher heran und sperre die Lauscher auf. Die Ü40er-Truppe unterhält sich auf Deutsch. Ich sage: »Huhu, sind Sie aus Deutschland?«, und sie gucken, wie Deutsche so gucken, wenn sie im Urlaub auf Deutsch angequatscht werden, ob sie Deutsche sind. Antworten tun sie natürlich nicht, der nächste Satz könnte schließlich die Bitte um Geld beinhalten. »Ich bräuchte mal Ihre Hilfe«, versuche ich es, und sie gucken, wie Deutsche gucken, wenn sie im Ausland im Wasser paddeln und sich denken: »Hab ich's mir doch gedacht.« Einer von ihnen sagt: »Der sieht aus wie Jesus. Ey, bist du Jesus?« Die anderen lachen. Ich spare mir den Hinweis, dass ich dann wohl weniger im, sondern vielmehr auf dem Wasser unterwegs wäre, und entferne mich mit einigen Schwimmzügen von der Truppe. Sie fahren damit fort, zu paddeln und laut und unangenehm zu sein. Ich gucke, wie ein Deutscher so guckt, wenn er sich für seine Landsleute fremdschämt und keine Badehose anhat. Ich bin froh, dass die Bleichgesichter schnell wieder verschwinden.

Noch später:

Es ist ein feiner Unterschied, ob man im Wasser strampelt und weiß, dass man jederzeit wieder ans Ufer schwimmen kann und dort von der Sonne in Nullkommanichts wieder auf Betriebstemperatur hochgefahren und von einer Caprisonne erfrischt wird, oder ob einem dieser Luxus versagt wird. Mir wird langsam kalt, und ich bin müde. Das Mittelmeer entpuppt sich als unsympathischer Schulhofrüpel und döppt mich ständig.

Sehr viel später:

Langsam wird es ernsthaft unangenehm. Ich habe ziemlich viel Salzwasser geschluckt und was da drin sonst noch so rumschwimmt, und mir wird schlecht. Eine Welle schüttelt mich durch, und es kommt, wie es kommen muss: Es kommt mir hoch. Peinlich berührt betrachte ich den auf der Wasseroberfläche treibenden Göbelteppich. Ich möchte nicht gemeinsam mit ihm gesehen werden, vor allem, da er unweigerlich Richtung Ufer treibt und es mir sehr unangenehm wäre, sollte ein einheimisches Kleinstkind weinend zu seinen Eltern traben, während es aussieht wie eine Werbefigur für Wagner-Steinofenpizza. Es kommt nicht so gut, wenn man Kinder vollkotzt, da werden die dazugehörenden Eltern schnell mal kritisch. Ich tauche unter und schwimme ein paar Züge, bevor mich meine miese Kondition zum Auftauchen zwingt. Ich checke die Lage und stelle fest, dass ich nicht sehr weit gekommen bin. Gerade so weit, um inmitten meines eigenen Göbelteppichs wieder aufzutauchen. Ich sage: »Uäh«, und eine weitere Welle beschert meiner Kotze und meinem Magen eine deutsche Wiedervereinigung. Ich überlege, mich noch einmal zu erbrechen, stattdessen lasse ich meiner Traurigkeit freien Lauf und mache das Mittelmeer noch ein bisschen salziger.

Nachmittags, irgendwann:

Alles egal. Der Strand ist rappelvoll, aber ich kann nicht mehr. Mit Wackelpeterbeinen, brennenden Augen und übelkeiterregender Übelkeit krieche ich an den Strand. Ich richte mich auf, präsentiere den staunenden Spaniern mit ausgebreiteten Armen meine ganze Pracht und rufe in bestem Google-Translator-Spanisch: »Sí, estoy desnudo. ¿Cómo hacer eso nos detenga en la DDR?«

Mit einem Schlag ist es ruhig am Strand. Eine Möwe lässt eine Stecknadel fallen. Ich überlege gerade, einfach wieder zurück ins Meer zu stiefeln und es drauf ankommen zu lassen, ob ich es bis zu irgendeiner menschenleeren Küste Afrikas schaffe. Da erblicke ich den Typen, der meine Klamotten stibitzt hat. Ich sehe zwar nur noch schemenhaft, aber das rosa Hemd und die grüne Hose sind unverkennbar. Die Sau! Ich renne auf den Kerl zu und springe ihn an.

Heute:

Die spanische Presse war nicht sehr erbaut darüber, dass ein offensichtlich geistesgestörter, nackter Deutscher am Strand von Badalona durchgedreht ist und scheinbar grundlos die 82-jährige Esmeralda Martinez niedertackelte. Die ehemalige Direktorin eines Waisenheims und ehrenamtliche Leiterin des lokalen Kirchenchores erholte sich gerade erst von einer Hüftverletzung, die sie sich zugezogen hatte, weil sie drei Küken vor einem heranrasenden Auto rettete. Drei Küken und einen Labradorwelpen. Ich habe mit meiner Aktion nicht unbedingt zum Genesungsprozess beigetragen. Mein Argument, dass ich vom Salzwasser halb blind war, ließ man auf der Polizeiwache ebenso wenig gelten wie meinen Einwand, dass ich der Jesus von Karl-Marx-Stadt sei und somit quasi diplomatische Immunität genösse. Man behielt mich über Nacht da, bevor man mich von Esmeraldas siebzehn Enkeln vertrimmen ließ und ins Flugzeug nach Hause setzte mit der Auflage, mich nie wieder in Spanien blicken zu lassen.

Nun überlege ich, wohin es im nächsten Urlaub geht. Italien soll ja sehr schön sein.

HAUPTSACHE, DIE KINDER SIND HAPPY

Als ich meinen Großvater zum Müllrunterbringen überreden wollte, gab er mir keine Antwort. Das lag weniger an altersbedingter Bockigkeit oder dem Unwillen, sich an den Pflichten in einem Familienhaushalt zu beteiligen, als vielmehr an seinem Zustand. Er war nämlich tot. Einfach so, ohne was zu sagen, war er uns weggestorben. Saß in seinem Sessel, guckte *Barbara Salesch* und stellte mal eben sämtliche Vitalfunktionen ein. Machte keinen Piep, sondern strullerte sich nur still und heimlich ein letztes Mal ein.

Natürlich war ich traurig und wie betäubt, während ich die Dinge erledigte, die es in so einem Fall zu erledigen gilt, aber vornehmlich machte ich mir Sorgen. Ich machte mir Sorgen, wie ich meinen beiden Kindern beibringen sollte, dass ihr Lieblingsuropa futsch war. Sie konnten mit solchen Verlusten nur schwer umgehen. Mit Schaudern dachte ich an das Drama zurück, als man *Sailor Moon* abgesetzt hatte. Das wollte ich nicht noch mal erleben.

Ich erinnerte mich daran, was mir ein Kneipenkumpel erzählt hatte: Nachdem er die Lebensspanne des Familienmeerschweinchens rapide verkürzt hatte, als er das Kleintier aus Versehen mitsamt der Kochwäsche in die Waschmaschine stopfte, wollte er vermeiden, seinen Kindern die traurige Nachricht zu überbringen. Also stiefelte er in die nächste Zoohandlung und kaufte ein mehr oder weniger identisch aussehendes Exemplar, und alles war in Butter. Ich wollte auch alles in Butter haben, also folgte ich seinem Beispiel und erwarb im lokalen Altersheim einen mehr oder weniger identischen Ersatzopa. Ich musste ihn zwar etwas umfrisieren und ihm seinen bayrischen Dialekt austreiben, aber im Großen und Ganzen lief alles astrein. Meine Kinder merkten keinen Unterschied, selbst dass er plötzlich nicht mehr von der Hölle in Stalingrad, sondern vom lauen Leben an der Westfront erzählte, irritierte die Kleinen nicht weiter. Ach, Kinder sind etwas Wunderbares. So unschuldig. So doof.

MENSCHENFISCHERIN

»Ich bin die Sohn Gottes!«, flötet sie und lächelt mich an.

Mein Blick wandert an ihr herab, an ihrem Sommerkleid und ihren schönen, langen, aber nicht stelzigen Beinen vorbei bis hinunter zu den Füßen, die in hellblauen Riemchensandalen stecken, einen Zehennagel ziert ein aus Kunststoff nachgeahmter Brillant. Ich lasse meinen Blick den Rückweg antreten und schaue ihr in die Augen.

»Für den Sohn Gottes hast du mächtig hübsche Brüste«, sage ich.

»Ich bin ja auch die Sohn Gottes, schnuckeliger Spasti«, antwortet das Mädchen, das ich auf mein Alter abzüglich eines Zellteilungszyklus schätze. »Gleichberechtigung und so. Altes Konzept, neue Zielgruppe.«

Ich sage: »Spasti sagt man nicht, du Nutte. Also, was ist das für eine Story, die du mir da auftischst?«

Und sie: »Ich bin die Messias, Sohn vom großen G, wiedererstandene Sohn Gottes. Schon mal davon gehört?«

»Ja, beim Wachturm-Verteiler-Verprügeln ist mir so was mal untergekommen, aber von deiner miesen Grammatik mal abgesehen frage ich mich, was das Ganze mir sagen soll.«

»Na, frohlocken wie bekloppt sollste, was denn sonst. I'm back!«

Ich lehne mich auf den Tresen der kleinen Bar, die in einem der dunkleren Viertel Bielefelds liegt, und nehme eine Skepsis verheißende Haltung ein.

»Erzählen kannst du viel. Hast du Beweise?«

Sie beginnt, freudig erregt herumzuhopsen. »Geil, dass du fragst, das ist mein Lieblingspart. Kennst du die Wasser-zu-Wein-Story?«

»Klar.«

»Na, dann pass mal auf, das wird dich aus den Socken hauen!« Sie nimmt einen großen Schluck Bier, krempelt sich die Ärmel etwas hoch, und ich bemerke, dass sie schöne Unterarme hat, schöne Unterarme sind wichtig, ohne schöne Unterarme geht bei mir gar nichts, scheiß auf schöne Oberarme, wenn es südlich der Elle nichts Schönes zu gucken gibt oder es gar schlockert und schlabbert, dann läuft bei mir gar nichts.

Sie schaut mir in die Augen und schnippt mit den Fingern.

Obwohl ich grad erst beim zweiten Bier bin, fühle ich mich schlagartig sturzbesoffen.

»Wow«, gebe ich zu.

Sie strahlt. »Wasser zu Wein kann jeder Depp, Blut zu Wein ist viel cooler. Und effektiver.«

»Wo recht has' ... abba kanns du widder surück machn, bidde, Deutsch kaputt. B'soff'n, scheise, Aloholvergifdung.«

Sie schnippt wieder mit dem Finger, und mein Blutalkoholspiegel fällt um gefühlte vier Promille auf ein angenehm angenattertes Niveau.

»Okay, du hast mich überzeugt. Und willst du mir jetzt erzählen, du wärst als ... die Sohn eines Zimmermanns in einem Stall in Bethlehem geboren, oder was?«

»Nee, Blödsinn. Ich komme aus Bochum, und mein Papa ist Autoschlosser bei Opel. Heutzutage nicht gerade ein Zuckerschlabbern, das kann ich dir flüstern.«

»Und deine Mutter? Unbefleckte Empfängnis und so?«

Sie lacht. »Nein, den Quatsch kauft uns heutzutage eh keiner mehr ab. Und versuch mal, in Bochum eine Jungfrau zu finden. No way, sag ich dir.«

Wir lachen beide und stoßen an.

»Wie heißt du denn überhaupt?«, frage ich, und sie verdreht gespielt genervt die Augen.

»Ulla.«

Ich ziehe eine Augenbraue hoch.

Sie winkt ab. »Ich weiß, ich weiß, kann nicht ganz mit Jesus oder Mohammed oder Buddha mithalten, aber da kann ich ja nix für. Mein Daddy war beim Bund, als Mama schwanger wurde, und war dementsprechend natürlich hackenstramm, als ihm der Erzengel erschien, um mich anzutrailern. Er hat den Messiaskram auf den Jägermeister geschoben und mich ganz profan nach meiner toten Oma benannt. Scheiße passiert.«

»Und Ulla«, frage ich, »was hast du jetzt vor? Frieden predigen und dann am Kreuz für unsere Sünden büßen?«

Sie tippt sich an die Stirn. »Tickst du? Weißt du, wie scheiße weh das tut? Ich lass mich doch nicht ans Kantholz tackern, nur damit Mel Gibson wieder so einen bekloppten Ethno-Folterfilm drehen kann. Nein, nein, lebe das Leben, das ist die neue Message. Kommt auch positiver als diese Kadaveranbetung, die momentan in den Kirchen so läuft, das ist doch irgendwie echt gruselig, findest du nicht?«

Die Sohn Gottes schüttelt sich und nimmt noch einen großen Schluck Pils.

»Gibt es denn ein Bergpredigt-Update und Wunderheilungen und den ganzen Mumpitz?«

Sie zuckt mit den Schultern. »Erst mal wollte ich eine Ausbildung machen. Als Floristin oder so. Was Solides. Danach kann ich immer noch predigen und bekehren. Vielleicht per Internet. Oder es gibt Vergebung als App fürs iPhone. Mal gucken.«

»Und warum erzählst du mir das alles? Soll ich jetzt bei dir Jünger werden oder so was?«

»Nö, lass mal stecken. Ich such mir lieber eine Mädchenclique zusammen. Eine hab ich schon.«

Sie sucht in der Kneipe herum, dann zeigt sie auf eine Blondine. »Ah, da ist sie ja. Das ist Petra. EY! PETRA!«

Die Blonde starrt irritiert in unsere Richtung.

Die Sohn Gottes winkt ihr zu, als würde sie ein Taxi rufen. »WINK MAL, PETRA!«

Und Petra winkt und wirkt irgendwie sehr verlegen. Ich winke zurück.

Die Messias beginnt, mein Bein in Schrittnähe zu streicheln.

»Nein, Jünger sollst du nicht werden«, schnurrt sie. »Mit dir habe ich ganz andere Pläne.«

Und, liebe Freunde, auch wenn ich vielleicht ab und zu den einen Pilz zu viel konsumiere und manchmal mit der Glaubwürdigkeit eines Gebrauchtwagenhändlers rüberkomme: So steht es geschrieben, so haben wir es getan, manchmal dreimal pro Nacht.

Mein Name ist Mario Magdalena.

Ich bin der Hure Gottes.

SEATTLE RELOADED

Erst wenn das letzte Album gerippt,

der letzte Film aus dem Netz gezogen,

selbst Omas vergilbte Fotosammlung von ihrem halbjährlichen Urlaub im Harz digitalisiert,

das letzte Vinyl mit Originalknistern und per Emulator in aller klanglichen Wärme auf den Rechner gezogen ist,

wenn ihr nichts mehr als Sprache erkennen könnt, das über Schriftgröße 8 geht, weil das halt die beste Größe ist, um Bücher auf dem Handy zu lesen,

wenn ihr an der Mona Lisa den USB-Anschluss sucht,

ihr bedauert, den letzten Plattenladen und den letzten Buchhändler nicht unter Artenschutz gestellt zu haben,

wenn *Star Wars I* bis *IX* in sämtlichen Variationen auf eine einzige Disc passen, dazu noch alle Making-ofs, Bonuskrempel, die Soundtracks und, weil noch massig Platz ist, alle *Simpsons*-Staffeln und *Herr der Ringe* in der extended version,

wenn all eure zwölftausend Alben, von denen ihr euch mindestens vierzig schon mindestens einmal angehört habt, auf einem iPod Platz finden, der so klein ist, dass er bisweilen operativ entfernt werden muss, weil er euch ins Ohr gefallen ist,

wenn ihr so viele Pornos auf eurem Rechner habt, dass ihr vor lauter Wichsen keinen Gedanken mehr an Sex verschwenden könnt,

dann, ja dann werdet ihr sehen, dass ihr mit Downloads kein Billy-Regal vollkriegt!

YOLO!

Man lebt nur einmal, dachte sich Olaf.

Was war es für ein toller Abend. Gute Laune, es war eine laue Sommernacht, und auf der Freiluftbühne auf dem Rathausplatz spielte für lau eine gute Band launigen Punkrock. Ausgelassen tanzte Olaf vor sich hin, trank ein Bier und ließ sich hier und da auf nicht zu rauen Pogo ein. Man lebt nur einmal, dachte Olaf, rief laut »Yeah!«, als der Sänger der Band dies vom Publikum einforderte, und beobachtete die Stagediver. Zuschauer kletterten auf die Bühne zu den Musikern, mancher klopfte dem Gitarristen oder Sänger schnell auf die Schultern oder brüllte bei entsprechender Textsicherheit auch mal eine Zeile mit ins Mikro, um dann wieder zurück ins Publikum zu springen, wo man die Wagemutigen auffing und sie auf Händen trug.

Olaf war noch nie stagediven. Er wollte gerne, aber getraut hatte er sich noch nie. Doch an diesem Abend war Olaf richtig gut drauf. Er trank den letzten Schluck aus seiner Flasche und arbeitete sich nach vorne durch. Man lebt nur einmal, dachte er sich. Etwas ungeschickt kraxelte er auf die Bühne. Was für ein Gefühl, als er sich mitten zwischen den tobenden Musikern erhob und plötzlich das ganze Publikum überblicken konnte. Der Gitarrist rannte Akkorde schrammelnd an ihm vorbei, grinste ihn an und rief: »Yeah!« Ein Moment der Unsicherheit überwältigte Olaf, und er überlegte, ob er einfach wieder runterklettern sollte. Nein, dachte er sich, man lebt nur einmal. Er stellte sich an den Bühnenrand und breitete die Arme aus, wippte vor und zurück und signalisierte Dive-Bereitschaft. Die Zuschauer unter ihm hoben die Arme und signalisierten Fangbereitschaft. Tief atmete Olaf durch. Man lebt nur einmal, dachte er und drückte sich ab. Hoch sprang er in die Luft. Seine Brust schien vor Mut und Lebensfreude zu platzen.

»YOLO!«, schrie Olaf. Das nahmen die Leute unter ihm zum Anlass, ihre Arme wieder runterzunehmen und beiseitezutreten. »Yolo«-Schreien fanden sie doof und nervtötend. Mit so einem Internetblödsinn wollten sie nichts zu tun haben.

Man lebt nur einmal, aber auch das endet irgendwann.

Hart schlug Olaf auf dem betonierten Boden auf und zersprang in tausend Scherben. Was ihm seine Eltern nicht erzählt hatten: Er war adoptiert. Man hatte ihn in Meißen aus feinstem Porzellan hergestellt, und das verträgt so einen harten Aufprall nun mal nicht. Was wieder einmal beweist, dass man Kindern ihre Herkunft nicht verschweigen sollte. Eine Thekenkraft kam herbei und fegte die scharfkantigen Scherben von Olaf zur Seite, damit sich niemand beim Tanzen daran schnitt.

Das Konzert ging weiter, denn schließlich lebt man nur einmal, und von dem kleinen Zwischenfall wollte sich niemand vom Feiern abhalten lassen, wo es doch so eine schöne Nacht war. Die Band spielte noch viele Lieder, und wenn man genau hinhörte, konnte man vernehmen, dass der Scherbenhaufen manche Zeilen leise mitsummte.

BRUMMHILDE

„Du wirst als Hummel geboren, du lebst als Hummel, und du stirbst als Hummel. Das ist der Lauf der Dinge." – Chief Bumblebee, Häuptling der Bombus-Indianer

Ich habe ein Haustier.

Es ist eine Hummel. Sie heißt Brummhilde. Alberner Name, habe ich gesagt, als wir uns kennenlernten. Sie zuckte nur mit den Fühlern und sagte, dass nicht jeder Jochen heißen kann. Brummhilde ist auch eigentlich weniger ein Haustier als vielmehr eine Mitbewohnerin. So wie andere einen Mathematikstudenten, einen arbeitslosen Lehrer oder ein Känguru bei sich in der Wohnung wohnen haben, ist es bei mir halt die Hummel Brummhilde.

Sie hat einen kleinen Laden für Tonkrüge und Hummelbedarf. Ich dachte, das wäre eine seltsame Kombination, aber sie sagt, das Geschäft würde brummen. Na ja, wenn sie das sagt. Sie ist auch sehr musikalisch. Sie spielt das Brummeisen in einer Reggae-Death-Metal-Band. Ihr Lieblingssong ist eine Coverversion von Nikolai Rimski-Korsakow: der Hummelflug.

Brummhilde ist eine sehr angenehme Mitbewohnerin. Wir gucken abends oft gemeinsam Fernsehen. Besonders Tiersendungen haben es ihr angetan, zum Beispiel *Die Supernanny* oder *Raus aus den Schulden.* Im Winter kuschele ich mich gerne an Brummhildes Fell. Sie sagt, das sei ein Relikt aus der Eiszeit, aber ganz genau weiß sie es auch nicht, sie wurde ja etwas später geboren. Neulich haben sie blankbusige UmweltaktivistInnen mit roter Farbe beworfen und als »faschistoide Pelzschlampe« beschimpft. Da war Brummhilde traurig, sie ist nämlich sehr stolz auf ihren natürlich gewachsenen Pelz, und sie hat damit auch schon einige Preise auf Kaninchenausstellungen gewonnen. Sie tritt dort immer mit aufgesetzten Hasenohren auf, und keiner merkt einen Unterschied, solange sie nicht hummelt oder brummt oder summt.

Ein bisschen rechts ist sie allerdings schon, das hab ich auch schon öfter bemängelt. »Rassismus ist nicht schön, Brummhilde«, hab ich gesagt, und sie meinte, »Ja, ist doof«, aber sie könne halt nicht gegen ihre Natur, Wespen finde sie halt kacke. »Flugrussen« nennt sie die immer, wegen des Hangs zu roher Gewalt und Wodka Red Bull. Und Bienen kann sie auch nicht leiden, weil die den Menschen ihre Kotze als Brotaufstrich verticken und dafür dann auch noch übelst abgefeiert werden. Da sei auch ein bisschen Neid im Spiel, brummt Brummhilde, und ich nicke wissend, obwohl ich gar nicht zugehört habe, weil es bei der *Supernanny* gerade hart spannend wurde.

Wenn wir nicht fernsehen, unternehmen Brummhilde und ich gerne was gemeinsam. Wir gehen gerne in den Zoo. Da füttern wir die Brummbären mit Brombeeren und rufen »Ihh, Kannibalismus«. Ich wurde deswegen schon von einem Bären als »infantiles Arschloch« bezeichnet. Das hat mich sehr verwundert. Dass Bären solche Fremdwörter kennen, fand ich sehr erstaunlich.

Manchmal gehen wir gemeinsam einen heben, aber Sich-Abschießen macht mit Brummhilde nicht wirklich Spaß. Wenn sie besoffen ist, hummelt sie immer fremde Menschen an, wird ausfallend und fällt auch schon mal in mein Bier.

Manchmal erzählt sie mir dann von ihrem Traum, Brummifahrer zu werden, und ich sag dann, dass ich nicht glaube, dass Hummeln in Deutschland Auto fahren dürfen, schließlich haben sie keine Schultern, über die man den Schulterblick machen könnte, und den Schulterblick finden alle Fahrlehrer voll fett. Schulterblick und nackige Frauenbeine, damit kriegt man Fahrlehrer. Brummhildes Beine sind hingegen zahlreich, aber eher unspektakulär. »Trag mal heiße Halterlose«, hab ich gesagt, aber sie hat mich nur facettenreich strafend angeguckt. Sie wolle doch nicht für 'ne Hummelnutte gehalten werden, hat sie dann gesagt, und ich dachte, okay, dann halt nicht, und habe mir still und heimlich in der Straßenbahn einen von der Palme gewedelt, wie man so schön sagt.

Brummhilde reicht mir noch mal den Joint. Blöd, dass wir keine Freunde außer uns haben, da müssen wir das ganze Gras, das wir im Badezimmer anbauen, zu zweit aufrauchen. Wir haben ziemlich viel davon, denn ich hab einen grünen Daumen, und Brummhilde kann bestäuben wie blöd, aber rauchen müssen wir den Shit zu zweit. Brummhilde ist eher unbeliebt, obwohl sie recht flauschig ist. Sie ist halt ein bisschen brummig in ihrer Art, wie das bei Leuten oft so ist, die ein bisschen pummeliger sind. Ich mag sie, denn summasummarumsumm ist Brummhilde ein echt patentes Persönchen.

NORDSTERN,
HALBES HÄHNCHEN

für Andreas, für Münster

Seit ich mit Andreas Weber auf Lesereise gehe, lande ich seinetwegen immer wieder in den merkwürdigsten Etablissements. Dabei geht es hier nicht um 1-Euro-Bordelle wie »Rudis Resterammelrampe«, stylishe Siebzigerjahre-Retroclubs oder Unterwasserbars, sondern eher um das genaue Gegenteil, um die unschicksten und unhippsten Lokale, die man finden kann. Eckkneipen, Pinten und Kaschemmen haben es Andreas angetan. Orte, an denen Stammtischpolitiker die Probleme der Welt lösen,* schon zur Mittagszeit zu Wolle Petry auf der Theke getanzt wird und man ein Herrengedeck ordern kann, ohne sich was dabei zu denken. In solche Läden schleppt er mich also mit.

Tendenziell ist das auch nicht weiter schlimm, schließlich geht es primär um den Verzehr beträchtlicher Mengen Bier, aber ich habe solche Kneipen zuvor eher gemieden, weil ich mich mindestens ein halbes Jahrhundert zu jung dafür fühlte, Stammtischpolitiker nicht besonders gut leiden kann und auch ganz gerne beim Trinken meine Ruhe habe und dabei ungern von Skat spielenden Brüllaffen gestört werde.

Es ist gar nicht lange her, da hatten wir etwas zu besprechen und uns zu diesem Zweck in einer Münsteraner Bahnhofskneipe verabredet. Das Interieur hätte vom selben Raumausstatter stammen können, der in der Nähe von Gütersloh eine Großschlachte-

---

* Wahlweise »Alle einsperren!«, »Die sollten mich mal ranlassen, zack-zack hätte ich das gemacht!« oder der ewige Klassiker »Unter'm Führer wär' das nicht passiert.«

rei eingerichtet hat. Andererseits haben weiße Fliesen vermutlich den Vorteil, dass sich Erbrochenes, Blut und Körperflüssigkeiten, an die ich gar nicht denken mag, schnell und einfach mit dem Wasserschlauch wegspritzen lassen.

Damit es nicht ganz so trist wirkt, hatte der Wirt die Wandkeramik mit allerhand Lebensweisheiten beklebt, die vermutlich Publikationen wie den St.-Pauli-Nachrichten oder der Bild am Sonntag beigelegt waren, gratis natürlich: »Schlimmer als ein Elefant im Porzellanladen ist ein Igel in der Kondomfabrik« zum Beispiel, »Sumsen ist buper, schicken ist fön« oder (auch nicht besser) »Es ist noch nie einer jung gestorben, der bis ins hohe Alter geraucht und gesoffen hat«.

Wir konnten uns mit Ach und Krach von dieser Lektüre losreißen, wie gesagt, wir hatten was zu besprechen. Aber so richtig kamen wir mit unseren Veranstaltungsplanungen dann doch nicht in die Gänge. Viel zu faszinierend gestaltete sich die phonstarke Konversation zweier Endvierziger- bzw. Endzeitdamen, die am Tresen saßen. Offensichtlich hatte eine sich zum Zustand ihrer Bekannten geäußert, und selbige war mit der Analyse nicht ganz einverstanden.

»Nee, ich bin nicht schicker.«
»Biste wohl.«
»Nee, bin ich nicht.«
»Natürlich biste schicker.«
»Ich bin nicht schicker.«
»Sieht man doch.«
»Nee.«
»Doch.«
»Ich bin nicht schicker.«
»Doch.«
»Nee, ich bin nicht schicker.«
»Natürlich biste schicker.«
»Ich bin gar nicht schicker. Du bist schicker.«

»Nein, du bist schicker.«
»Ich bin doch nicht schicker.«
»Doch, bist du.«
»Warum sagst'n so was?«
»Weil du's bist.«
»Bin ich gar nicht.«
»Wohl.«

Dann folgte eine kurze Pause, in der beide ihre Gedanken sammelten, das heißt, einen Schluck tranken, das heißt, ein halbes Glas auf Ex kippten, das heißt, kippen mussten, da offenbar spontane Ausdörrung drohte.

»Nee, aber Cordula, ich bin gar nicht schicker.«
»Natürlich biste schicker, das sieht man doch.«
»Ich bin nicht schicker.«
»Natürlich!«
»Du lügst doch. Ich bin nämlich gar nicht schicker.«
»Doch, du bist schicker.«
»Nein, ich bin nicht schicker. Manfred, sag doch auch mal was!«

Das war an den Mann gerichtet, der neben ihr saß, wobei sie ihm schwungvoll den Ellbogen in die Seite rammte. Das Einzige, was sie damit erreichte, war der Verlust des eigenen Gleichgewichtes. Fast wäre sie vom Hocker gekippt, doch im letzten Augenblick konnte sie sich an ihrem Bierglas festhalten, dessen Rettung die letzten motorischen Reserven in diesem sprechenden Alkoholendlager mobilisierten.

Wir waren baff, was man schon am frühen Nachmittag hier an Entertainment geboten bekam.

Die allgemeine Diskussion wird ja darüber geführt, ob menschliches Leben mit der Zeugung, den ersten Hirnaktivitäten oder bei der Geburt beginnt. Wenn man so was betrachtet, muss man die Frage umformulieren: Denn ob es sich um menschliches Leben handelt, wird manchmal erst in der deutlich postnatalen Phase entschieden. Oder eben nie. Nur weil es aufrecht gehen, einen Fußnagelknipser benutzen, bei QVC das tausendteilige Messerset mit lebenslanger Garantie bestellen und eigenständig den Klingelton »Du bist scheiße, aber ich hab dich lieb« im Jamba-Abo erwerben kann, heißt das noch lange nicht, dass dieser Homo auch sapiens ist.

Auch in Saarbrücken sind wir mal am Bahnhof eingekehrt. Wir hatten noch Zeit zu vertrödeln, und Andreas ging mal wieder voran. Die als »Bistro« getarnte Kneipe war deutlich angenehmer gestaltet als die Münsteraner, inklusive einer wandfüllenden Batterie aus Spielautomaten, und sogar die Musik war ganz angenehm. Geführt wurde der Laden von einer Thekenwalküre mit Verbalinkontinenz. Der Pulverdampf unserer abgefeuerten Bestellungen qualmte noch aus dem Lauf, als sie uns schon an ihrem ereignisreichen Tag teilhaben ließ: »Heute war hier ein älteres Pärchen zu Gast. Die haben schon die ganze Zeit rumgefummelt und rumgekichert, und irgendwann sind sie dann aufs Klo verschwunden. Als sie gegangen sind, habe ich natürlich sofort die Toiletten kontrolliert. Und wisst ihr, was ich gefunden habe?«

Nein, das wussten wir natürlich nicht.

»Fünf Kondome! Und soll ich euch was sagen?«

Sie beugte sich verschwörerisch zu uns rüber: »Nix drin!«

Einerseits war ich dankbar für die Sorgfalt der Wirtin, andererseits war dies wohl das Übermaß an Informationen, das für unsere Epoche so typisch sein soll. Staffel für Staffel debiler Castingshows stehen Zehntausende Schlange, um zu zeigen, dass sie nicht singen und auch sonst nicht viel können und sich für nichts zu schade sind. Das will ich ebenfalls gar nicht wissen.

»Ey, Aische, was geht? ... Nee, ich sitz in der Bahn! ... Ach, Quatsch. Echt jetzt? ... Ist doch voll die Fotze, der Typ ... Nein, ich war nicht mit dem zusammen, tickst du? ... Nein, der ist doch voll eklig. Nein, ich hab nur mal mit dem gevögelt. Aber mit so einem wär ich doch nie zusammen.« – Das will ich gar nicht wissen!

Andererseits geht von dieser Mitteilsamkeit natürlich auch ein gewisser Charme aus. Und ich muss zugeben, dass ich mich in solchen Lokalen inzwischen recht wohlfühle. Wo jeder In-Schuppen mit spartanischem Ikea-Chic und möglichst hellem Interieur aufwartet, als ginge es darum, das finstere Mittelalter zu vertreiben, sind die schummrigen Kaschemmen schon fast wieder eine postmoderne Gegenbewegung. Diese Läden haben einfach Charakter und ihre ganz eigenen Highlights.

In eine solche Kneipe verfrachtet Andreas seine Gäste gerne nach Lesungen in Münster. Dann geht es in den *Nordstern*, Hähnchen fressen. Die sind da nämlich extrem lecker. Der *Nordstern* ist eine dermaßen traditionelle Kneipe, dass man sie sich bisweilen leider mit politisch fehlgepolten Burschenschaftlern teilen muss. Andererseits ist diese Lokalität auch völlig in der Moderne angekommen.

Will man nämlich aufs Klo, geht es nicht durch eine normale oder Schwingtür, nein, der *Nordstern* verfügt über ein elektronisches Schleusensystem. Wenn man allerdings schwer einen im Kahn hat, und das hat man im *Nordstern* immer irgendwann, erweist sich diese Einrichtung als wenig benutzerfreundlich. Auf dem Hinweg muss man zwecks Öffnung nämlich auf eine Taste drücken, dann gleiten die Glastüren flugs beiseite. Wenn man dann nach getätigtem Geschäft zurückwankt, gleitet die erste Tür wie weiland bei Captain Kirk selbsttätig bei Annäherung auf.

Die zweite Tür tut dies nicht.

Schwung, Alkoholpegel und Transparenz der Tür besorgen dann den Rest. Da sag noch mal einer, in gutbürgerlichen Kneipen könnte man nichts erleben!

Drei Herrengedecke, bitte! Eins für Andreas, eins für mich und eins für den bewusstlosen Herrn mit Nasenbluten auf dem Fußboden. Prost!

TIGER & ICH

Ich bewerfe Tiger mit Frühstücksflocken.

Er mag das nicht und knurrt. »Löwe, lass den Scheiß«, mault er, aber ich mache trotzdem weiter. Er ist selbst schuld, dass ich brummelig bin. Hätte er halt nicht die ganze Safarigesellschaft allein aufessen sollen. Jetzt ist ihm schlecht, und er murrt rum. Selber schuld, hab ich gesagt, hättst halt nicht so gierig sein dürfen und auch besser erst mal geguckt, was das denn so für Leute sind, dann hättste schon gemerkt, dass allesamt Banker, AfDler und böse Börsenleute waren, die schlagen nun mal auf den Magen. Da ist es kein Wunder, wenn du kotzen musst, armer, dummer Tiger.

Jetzt liegt er da rum und murrt und göbelt, ich würd' gern eine Runde kickern oder Tischtennis spielen, aber Tiger ist ja krank, der Doofe. Bewerfe ich ihn halt mit Frühstücksflocken, die mögen wir beide nicht, da darf man ruhig mal mit dem Essen spielen. Machen wir sowieso ganz gerne. Kann auch mal in die Hose gehen, wie bei dem Elefanten neulich, den wollten wir erst mal ein bisschen foppen und dann essen, hat aber nur zum Foppen gereicht, da hatte der schon die Faxen dicke und hat uns ganz schön verprügelt. Kein Humor mehr in der Savanne, nicht mal bei den Dickhäutern.

Mit den Touristen ist das was anderes, die können sich nicht wehren, die dürfen auch keine Schießprügel dabei haben, ist schließlich ein Reservat hier, ätschibätsch. Und dann machen Tiger und ich uns schon mal einen kleinen Spaß und knabbern die nur so ein bisschen an und gucken dann mal, was passiert, oder wir werfen uns die Touris zu und versuchen, sie nur mit den Zähnen zu fangen, das macht Spaß.

Grausam, grausam, was soll das denn heißen? Ethische Standpunkte verschieben sich schon mal, wenn man fast ausgerottet wurde. Da möchte man sich nicht mit Zimperlichkeiten aufhalten.

»Lass uns einen trinken gehen«, sag ich zu Tiger. »Dann geht's dir gleich wieder besser.« Also schlendern wir rüber zum Tümpel. Karibu steht an der Theke und fragt, ob's dasselbe wie immer sein soll, und natürlich soll es dasselbe sein, gibt ja nix anderes hier: leckeres braunes Wasser mit Stückchen. Wir schlürfen und schlabbern uns ordentlich einen rein, und Tiger, der kleine Gierschlund, verschluckt sich an einem Krokodil. Gott, ist der doof.

Ich fühl mich beobachtet und schau mich um. Die Stalker von *National Geographic* verletzen mal wieder massiv unsere Privatsphäre und filmen uns aus einem auffällig auf unauffällig gemachten Unterstand heraus. Neulich haben die mich tatsächlich erwischt, wie ich grad mit der Uschi Liebe gedingst habe, die Ferkel. Ich mag die *National-Geographic*-Leute eigentlich ganz gerne, haben so ein recht nussiges Aroma. Dazu ein gutes braunes Wasser mit Stückchen, herrlich! Aber leider nerven sie auch manchmal. Ich sag Nilpferd Bescheid, er soll sich mal auf die draufsetzen, damit wir unsere Ruhe haben, aber Nilpferd ist stinkig, weil ich letzte Woche beim Käsekästchen-Spielen beschissen habe. Zur Strafe hau ich Nilpferd eine runter, fessle es an einen Affenbrotbaum, der bei uns eigentlich Menschenbrotbaum heißt, und mal's grün-rosa kariert an. Die Nationalgeografen flippen vor Freude total aus.

Tiger hat keinen Bock mehr. Also gehen wir wieder zu unserem Platz zurück. Er guckt noch ein bisschen *Marienhof*, ich bewerfe ihn mit Frühstücksflocken. Dann geht ein weiterer ganz normaler Tag in der Savanne zu Ende.

ICH BIN SO WUSCHIG

Ich komme nach Hause, schlag mein Essen zusammen und koche meine Freundin. Nein, Quatsch, da hab ich jetzt was durcheinandergebracht. Ich hab doch gar keine Freundin. Ich bin aber auch so wuschig heute. Muss runterkommen. Also gieße ich erst mal meine Hände und wasche den Kaktus. Wundere mich, warum meine Hände voller Stacheln und Blut sind. Hab ich doch grad erst gewaschen.

Ich bin aber auch echt wuschig.

Es gibt so Tage, da ist man einfach nicht zu gebrauchen, da tanzen die Hirnwindungen Tango. Besser, ich lege als Erstes meinen Wohnungsschlüssel auf seinen Stammplatz, damit ich ihn später nicht suchen muss. Ich mache das Fenster auf und schmeiße den Schlüsselbund raus. Verdammt.

Ich latsche nach unten und suche im Gebüsch nach meinen Schlüsseln. Mir fällt auf, dass ganz schön viel Müll in unserem Garten rumliegt, dann klettere ich aus der Abfalltonne. Ich bin aber auch wuschig heute. Und jetzt auch noch stinkig.

Unterm Rhododendron glitzert's, und wirklich, da liegen meine Schlüssel. Glück gehabt, denke ich, dann merke ich, dass meine Wohnungstür hinter mir zugefallen ist. Was für ein Scheißtag! Rufe den Schlüsseldienst. Der will Bares sehen, bevor er sich an die Arbeit macht. Zum Glück habe ich meinen Geldbeutel am Schlüsselbund, sonst würde ich jetzt echt blöd dastehen. Der Schlüsseldienstleister kassiert, guckt mich komisch an, zuckt mit den Schultern und macht dann für achtzig Euro meine Tür kaputt. Abschließen kann ich wohl noch, aber ein neues Schloss wäre trotzdem demnächst ratsam, sagt er und gibt mir seine Karte. Ich gehe wieder in die Wohnung. Es klimpert in meiner Hand. Mein Schlüsselbund, denke ich, und: verdammt!, und dass ich heute wohl echt nicht zurechnungsfähig bin.

Mein Magen knurrt. Erst mal was zu essen suchen. Gucke auf den Hausflur. Da ist nix zu essen zu sehen, aber irgendwer hat sich anscheinend an meiner Tür zu schaffen gemacht. Muss wohl mal die Polizei rufen. Öffne meine Abstellkammer und rufe »Polizei«. Kommt aber keiner. Servicewüste Deutschland. Mein Magen knurrt wieder. »Mann, reiß dich mal zusammen«, motze ich mich selber an. Ich gehe in die Küche.

Ich mach den Kühlschrank auf.

Ich mach den Kühlschrank zu.

Auf.

Zu.

Auf.

Licht an.

Licht aus.

An.

Licht aus. Nehme ich zumindest an. Kann man ja nicht reingucken in so'n Kühlschrank. Zumindest wenn die Tür zu ist.

Auf.

Zu.

Auf.

Tu die Katze in den Kühlschrank.

Nehm die Katze wieder raus. So ein Blödsinn, eine Katze im Kühlschrank, denke ich, stell das Bügeleisen rein und werfe die Katze in die Spülmaschine. Wie es sich gehört.

Gut, dass ich vergesse, die Klappe zu schließen. Katze guckt mich finster an. »'tschuldigung«, sag ich. »Bin wuschig.«

Katze zuckt mit den Schultern, sagt »Ich kenn das« und geht weg. Sehe ihr staunend nach.

Wusste gar nicht, dass Katzen Schultern haben.

Mache mir ein Butterbrot. Nehme die TV Movie wieder vom Brot, kratze notdürftig die Butter vom Tagesprogramm und leg stattdessen Aufschnitt aufs Brot. Schmeckt eindeutig besser. Ich bin so wuschig heute.

Musik! Ich brauche Musik, das hilft immer.

Spaceman Spiff singt: »Alle Gedanken sind Brei«, und ich denk, wir verstehen uns, der Spaceman und ich.

Vielleicht bin ich ja auch nur unterzuckert. Ich stibitze was von der Erdnussbutter meines Mitbewohners. Ich tauche den Finger ins Glas, lecke ihn ab und erinnere mich erst beim Runterschlucken, dass ich Erdnussbutter überhaupt nicht mag. Igitt, denke ich noch, dann fällt mir wieder ein, dass ich Erdnussbutter sehr wohl sehr gerne mag. Ich bin nur völlig allergisch gegen Nüsse. Ich bin so wuschig. Wenigstens finde ich noch mein Epinephrin, bevor es mich umhaut.

Zeit zu duschen. Ich zieh mich aus und steig in die Duschkabine. Seife mich ein und denke noch, das Duschgel schäumt ja überhaupt nicht. Ich hab gar kein Duschgel auf die Hände getan. Nicht weiter schlimm, ich steh ja auch gar nicht unter der Dusche. Verlasse den Kleiderschrank meines Mitbewohners und gehe ins Bad und in die Dusche, diesmal die echte im Bad. Vergesse nicht mal, das Wasser anzumachen. Schamponiere meine Haare. Ich hab schon meine ganze Kopfhaut durchmassiert, als mir klar wird, dass ich gerade meine Haare mit Zahnpasta wasche. Nicht gut gegen Schuppen, aber meine Haare rochen noch nie so minzfrisch. Ist vielleicht 'ne Marktlücke. Ich bin aber auch wuschig.

Blick auf die Uhr, verdammt, schon so spät, ich sollte mich endlich fertig machen, ich muss gleich los.

Ich ziehe mich an. Denk dran, denk ich, den guten Anzug musst du heute tragen, und ziehe das Hello-Kitty-Shirt meiner Exfreundin wieder aus. Und ihren BH. Ich möchte echt mal wissen, was mich so aus der Spur bringt, das geht ja gar nicht mehr.

Ich konzentriere mich auf das Anziehen meines Anzugs. Binde meine Schuhe mit einem Windsorknoten und mache mir eine Schleife in die Krawatte. Verdammt, noch mal von vorne. Als ich fertig bin, kontrolliere ich mein Outfit intensiv im Spiegel. Alles in Ordnung, aber den Lippenstift wische ich doch lieber wieder ab.

Ich nehme die Schlüssel und öffne die Tür. Irgendjemand hat das Schloss kaputt gemacht. Da muss ich mich mal drum kümmern. Überprüfe dreimal, ob ich meine Schlüssel wirklich dabeihab, bevor ich die Tür hinter mir zuziehe. Ich bin aber auch wuschig heute. Jetzt aber los. Ich will auf gar keinen Fall zu spät kommen.

Es ist schließlich die Beerdigung meines Vaters.

AN INTERCITY CAROL

Kurz vor fünf Uhr morgens, wir sitzen im Abteil eines Intercitys, der durch die Dunkelheit nach einer langen Disconacht fährt, das heißt: Ich sitze, und sie liegt. Sie liegt und schläft in meinem Schoß. Ein bisschen lächelt sie, und ihr Gesicht ist entspannt und friedlich. Das ist gut, denn es heißt, dass sie etwas Schönes träumt und ich sie nicht wecken muss, weil ich versprochen habe, nicht zuzulassen, dass sie böse Träume hat.

Ich beuge mich herunter und küsse ihre kühle Wange, nur ganz leicht, damit ich sie nicht störe, dann rieche ich an ihrem blonden Haar, und es riecht nach Disconebel. Ich denke, dass es schade ist, dass es so riecht, normalerweise verströmt es den Duft ihres Lieblingsshampoos, irgendwas mit Honig, aber Disconebel ist auch okay. Eigentlich mag ich den Geruch ganz gerne, ich benutze selber gerne die Nebelmaschine, denn ich bin DJ, aber nicht heute Nacht. Heute Nacht bin ich nur ein Typ, der leicht besoffen ist und in einer Spätsommernacht mit einem sehr hübschen Mädchen auf dem Schoß im Zug nach Hause fährt. Das letzte halbe Bier teile ich mir in kleine Schlucke ein, ich brauche noch einen Absacker, es war ein lauter Abend mit vielen Menschen, vielen Tänzen, Bier, Stroboskop und Disconebel.

Aufsteigender Disconebel ist okay, Nebel, der unten bleibt, ist krebserregend, wegen der Zusätze, das weiß ich, oder ich glaube es zumindest zu wissen, vielleicht ist es aber auch nur Schwachsinn, aber ich bin der Überzeugung, dass es stimmt, ich muss so was wissen, denn ich bin DJ. Aber nicht heute Nacht.

Die Tür des Abteils wird aufgeschoben, und herein tritt Gestank, gefolgt von einem Mann, nicht ganz Obdachloser, aber sehr kurz davor, stockbetrunken, stinkend nach Pisse, Erbrochenem und lange nicht gewaschener, aber dennoch häufig feuchter Kleidung. Sein schlechter Atem erfüllt den kleinen Raum ebenso wie sein Poltern, als er sich plump und umständlich uns gegenüber hinsetzt, in der Hand eine Colaflasche aus Plastik, ohne Cola drin, aber mit etwas Selbstgemischtem, von dem nur noch ein Drittel da ist, dessen Hälfte er grunzend in sich und seinen krustigen Bart kippt. Er lässt sich nach hinten sinken und rempelt mit seinen Füßen meine an, und ich habe Sorge, dass sie durch den Trampel geweckt wird, aber sie schläft weiter, und auch die Augen meines Gegenübers scheinen sich zu schließen, aber dann fängt er an zu brabbeln.

»Immer jagen, jagen, jagen, immer danach fragen, was geht und wo und wann, und niemals rasten oder ruhen, und aufhören geht schon gar nicht, Batterien lädt man nicht auf, man schmeißt sie weg und knallt sich neue rein, ob Kaffee oder Koks, macht dann irgendwann auch keinen Unterschied mehr, Koffein, Taurin, Speed und Rausch, Hauptsache, der Motor läuft und läuft und läuft, und der Schwanz steht bereit für den nächsten Fick auf der zugekotzten Clubtoilette, und nach dem Nummerschieben Nummern tauschen, du kriegst ihre, sie kriegt die von deinem Pizzataxi, und dann schnell weg, weiter jagen, jagen, jagen, Hauptsache Party-Party-Party, du gehst tanzen, weil du glaubst, dass dir die Musik irgendetwas bedeutet, aber es ist dann doch wieder alles nur ein beschissenes Balzritual, und du machst dir keine Gedanken, was *Rage Against the Machine* eigentlich meinen, wenn sie singen, dass du brennen wirst, stattdessen denkst du nur darüber nach, wie du beim Tanzen optisch rüberkommst und ob denn alle deine neuen Sneaker sehen können. Sehen und gesehen werden, alles andere ist doch scheißegal, und immer wieder jagen, jagen, jagen und das nächste Wochenende planen, und wenn du dann doch mal mit einer zusammenkommst, musst du sofort das Verfallsdatum eurer Beziehung festlegen, weil man ja was verpassen könnte, und du merkst gar nicht, was an dir vorüberzieht, wie an einem Zugfenster mitten in der Nacht, da ist so viel und so viel Gutes und Schönes, aber du siehst es nicht, Hauptsache, es geht weiter und weiter und weiter, und immer jagen, jagen, jagen.«

Ich sehe den Penner an, wie er da rumhängt mit geschlossenen Augen, ich sehe aus dem Fenster und frage ihn: »Meinst du mich?«, denn mir kam da einiges bekannt vor, und seine trüben Augen öffnen sich, und ich sehe gelbliche Brocken an seinen Wimpern kleben, und er raunzt mich an: »Siehst du hier sonst noch jemanden, der wach ist?«

»Kennen wir uns denn?«

Er nimmt einen Schluck aus seiner Nicht-Colaflasche und hebt die Schultern. »Wie man's nimmt«, sagt er. »Ich kenne dich, aber wir sind uns noch nicht begegnet.«

Ich beuge mich etwas vor, immer darauf bedacht, dass sie nicht von meinem Schoß rutscht, und frage den stinkenden Mann: »Wer zum Teufel bist du?«

Er beugt sich ebenfalls vor: »Ich bin der Geist der vergangenen Partys, du Pfosten.« Dann steht er auf, geht raus auf den Gang, öffnet eines der Schiebefenster und springt bei voller Fahrt aus dem Zug, aber ich bin fest davon überzeugt, dass er sich dabei nichts tut, warum ich das weiß, ist mir schleierhaft, aber es ist nun mal so. Er ist weg und mit ihm sein Gestank. Nur noch sie und ich sind da, und ihre Haare riechen nach Disconebel und meine Klamotten ein wenig nach kaltem Zigarettenrauch.

Erneut wird die Tür zum Abteil geöffnet, diesmal von einem Mann in der blau-roten Uniform der Bahn. Er sieht uns an und sagt: »Du hast sie wirklich gerne, klar, aber du fragst dich trotzdem, ob du nicht irgendetwas verpassen könntest, und dann weißt du nicht, ob du dich ärgern oder freuen sollst, wenn sie jedes Mal mitkommen möchte, wenn du auf Partys gehst, und wenn du mal alleine irgendwo bist, dann vermisst du sie, weil keine so ist wie sie, und du säufst dich zu bis zur völligen Asozialität und rufst sie mitten in der Nacht an und schimpfst und heulst, und wenn sie dann doch bei dir ist, in deinen Armen, und die Lichter blinken und der Beat rollt und die heißen Geräte sich auf der Tanzfläche bewegen, dann denkst du wieder nur darüber nach, ob du denn Chancen hättest und ob du noch der Jäger und Sammler bist oder nur noch unter ihrer Fuchtel stehst, so oder so bist du immer unzufrieden, nur manchmal beschleicht dich der vernünftige Gedanke, dass alles, was du brauchst, sich gerade an dich schmiegt und dass du dich verdammt noch mal endlich locker machen und entspannen kannst.«

Ich halte dem Mann in Uniform, die sich so sehr darum bemüht, nicht wie eine Uniform auszusehen, unser Zugticket hin, aber er schüttelt nur den Kopf. »Ich bin nicht der Schaffner. Ich bin der Geist der gegenwärtigen Partys«, sagt er, und ich sage: »Oh, ach so«, und er sagt: »Wi wish ju ä pläsent dschörni. Sänk ju for träwelling wis Deutsche Bahn«, dann geht er weiter, und ich stecke das Ticket wieder ein. Der Zug hält, Menschen steigen aus, Menschen steigen ein, ich kann es im Licht der Bahnsteiglampen erkennen.

Eine Frau betritt das Abteil. Sie ist augenscheinlich afrikanischer Abstammung, und sie trägt ein kleines, schlafendes Baby in einem orangefarbenen Tuch, und sie lächelt mich an, und ich lächele zurück, wir verstehen uns, denn wir beide bewachen den Schlaf von jemandem, der uns wichtig ist.

»Lass mich raten«, flüstere ich. »Du bist der Geist der zukünftigen Partys.«

Sie nickt. »Du wirst nichts vermissen müssen. Für jeden Jäger ist es irgendwann an der Zeit, sich zur Ruhe zu setzen, denn sein Auge und sein Arm werden nicht stärker, und die Beute wird nicht langsamer. Es ist die Zeit, die Musik und das Beisammensein zu genießen und die Liebe und ihr Lächeln, wenn sie tanzt und sich zwischendurch kurz zu dir umdreht und dir winkt; du wirst nur noch Augen für sie haben, und es wird dir guttun, den anderen zuzusehen, den Jungen und den Unverbesserlichen, die immer noch und immer wieder ihrem unerfüllbaren Traum von Erfüllung nachjagen, auch wenn sie schon längst nicht mehr die Beute machen, die sie sich vorstellen. Du hingegen wirst zu ihr gehen, und ihr werdet tanzen und keinen Gedanken an das nächste Wochenende verschwenden, wo es doch viel spannender ist, ein ganzes Leben zu planen.«

Dann beginnt sie zu singen, ich vermute mal, ein afrikanisches Schlaflied, und ich sehe aus dem Fenster und bin nicht weiter überrascht, als ich meinen Blick wieder zurückschweifen lasse und sie verschwunden ist, nur ihr Lied noch einige Zeilen in der Luft des Zugabteils klingt.

Dann wacht mein Mädchen auf, sie sieht mich aus verschlafenen Augen an. Eine Haarsträhne fällt ihr ins Gesicht, ich schiebe sie wieder zurück, damit sie ihr nicht ins Auge sticht.

»Sind wir schon da?«, fragt sie verschlafen, und ich antworte, dass es noch dauert und sie weiterschlafen kann. Sie räkelt sich ein bisschen und kuschelt sich enger an mich.

Ich sage: »Ich hab dich lieb«, und sie lächelt, wie es ein heller Morgen nicht könnte, und sagt: »Ich dich auch«, und schläft wieder ein und lächelt weiter dabei.

Ich streichele ihren Kopf, als wir in unseren Bahnhof einfahren, und wecke sie nicht.

Ist doch egal. Wir brauchen kein Ziel, solange wir einen Weg zusammen haben.

Der Zug fährt weiter mit uns in die Nacht und einen neuen Tag hinein.

Sie schläft.

Ich rieche den Disconebelduft in ihrem Haar und träume.

POST MORTEM

Als eine Fuhre führender Geistlicher der verschiedenen Weltreligionen das Zeitliche segnet, sind sie bass erstaunt, dass es zwar ein Jenseits gibt. Aber dieses entspricht in keinster Weise den üblichen Vorstellungen von Himmel, Hölle, Reinkarnation, Mittelerde, der Matrix oder einem niemals endenden Elvis-Konzert. Es gibt keine Ringe, Feuer, Wolken oder verschmolzene Seelen.

Das, was sie vorfinden, ist ein Großraumbüro.

Sicher, es existieren so viele Vorstellungen vom Leben nach dem Tod, irgendeiner musste ja mal recht haben. Aber das waren halt weder Jesus noch Mohammed, Buddha oder deine Mudder. Das Jenseits entspricht den Vorstellungen eines ganz bestimmten Mannes. Der heißt Manfred Paschulke und ist leidenschaftlicher Sachbearbeiter auf der Kraftfahrzeugzulassungsstelle in Gelsenkirchen.

Das Jenseits ist eine endlose Aneinanderreihung von Schreibtischen und Aktenschränken. Je miserabler sich ein Mensch im Leben benommen hat, umso mehr Akten bekommt er auf seinen Schreibtisch geknallt. Erst wenn er alle abgearbeitet hat, macht der Verstorbene »Puff!«, und statt seiner steht eine im Großen und Ganzen sehr glücklich wirkende Grünlilie auf dem Tisch.

Traurig schaut der grad verblichene Papst in die gigantische Lagerhalle voller Akten, die für ihn gedacht sind. Vielleicht hätte er sich den Quatsch mit den Kondomen doch noch mal überlegen sollen. Ein noch längeres Gesicht machen eigentlich nur diverse Selbstmordattentäter, wenn sie merken, dass statt 72

Jungfrauen 72^{72} Anträge auf eine Baugenehmigung für eine sehr kniffelige Carporterweiterung auf sie warten.

Adolf Hitler hatte man nur einen einzigen Fall zur Bearbeitung aufgehalst. Es ist sein eigener, den er immer und immer wieder, bis in alle Ewigkeit, ablehnen muss.

Das Jenseits ist nicht erfüllt von Harfenklängen, Lobgesängen oder Schmerzensschreien. Es klingt nach Tastaturtippen, Seitenblättern und dem Surren elektrischer Bleistiftspitzer. Und ab und zu das »Puff!« einer erlösten Seele, die ihre Erfüllung im ewigen glückseligen Dasein als Grünlilie findet.

FÜNF STERNE
FÜR ORNITOPHOBIE

Jan-Olaf hatte es endlich geschafft. Nach Jahren des Dahinkrebsens bei kleinen Theaterproduktionen und endlos vielen Vorstellungen vor Kindern und in irgendwelchen Heimathäusern in irgendwelchen uninteressanten Vororten und Dörfern hatte er nun endlich seinen Durchbruch.

Eine Rolle in einem Kinofilm. Und nicht nur irgendeine Rolle, nein, er war Hauptdarsteller, und die Produktion versprach, einer der größten Hits des nächsten Jahres zu werden. Eine wunderbare, dramatische Geschichte aus der Zeit des Ersten Weltkrieges. Exzellentes Drehbuch, erstklassiger Cast und ein Regisseur, der geradezu abonniert war auf die renommierten Filmpreise und -festivals.

Als wäre das nicht schon genug gewesen, hatten sich die neuen Kontakte auch schon für seine Arbeit hinter den Kulissen bezahlt gemacht. Das Drehbuch für seinen engagierten Politthriller war so gut wie verkauft.

Es hätte nicht besser laufen können, aber das hatte er sich nach Jahren der harten Arbeit und der Entbehrungen auch verdient. Er liebte den Film und die Bühne über alles, endlich würde er wirklich im Rampenlicht stehen und diese Liebe erwidert werden.

Beschwingt spazierte er durch den sommerlich erleuchteten Park am See entlang und summte vor sich hin. Er war so glücklich, dass er die Ente auf der Uferpromenade erst gar nicht bemerkte. Erst als sie quakte, erwachte Jan-Olaf aus seinen rosaroten Tagträumen und erstarrte.

Die Ente saß direkt vor ihm auf dem Weg.

Sie sah ihn an aus ihren Entenaugen.

Jan-Olaf brach der kalte Schweiß aus. Er hatte ein echtes Problem mit Vögeln.

Und als die Ente laut quakend auf ihn zuwatschelte, war es vorbei mit seiner Selbstbeherrschung. Kreischend wie ein kleines Mädchen rannte er weg. Leider hielt er es für eine gute Idee, dabei über die Schulter zu schauen, um die Ente im Blick zu behalten. So übersah er den Laternenpfahl und lief mit voller Wucht dagegen. Schmerz und Überraschung fluteten über Jan-Olaf herein, und mit wedelnden Armen und einem unglaublich dummen Gesichtsausdruck kämpfte er um sein Gleichgewicht, bevor er wie in einem albernen Slapstickfilm hintenüberfiel.

Die Ente biss ihn mit ihrem Schnabel noch schnell in den Hintern und machte sich dann davon. Jan-Olaf blieb stöhnend liegen. Er wollte sich zur Seite wälzen, aber dort war leider die Uferkante. Der Schauspieler landete im siffigen See, aus dem er sich erschrocken jammernd wieder herauszog. Wie ein begossener Pudel machte er sich von dannen.

All das wäre vielleicht nicht so schlimm gewesen, hätte nicht der dreizehnjährige Patrick auf einer Parkbank gesessen und gerade die Kamerafunktion seines brandneuen Smartphones ausprobiert. Als Jan-Olafs Unglück seinen Lauf nahm, hielt Patrick voll drauf und lud das Video noch vor dem Abendessen bei YouTube hoch.

Jan-Olaf wurde ein Star. Nicht in der Rolle des Arztes, den das Grauen von Verdun in die Verzweiflung treibt, oder als preisgekrönter Autor eines Films, der den Turbokapitalismus anprangert. Diese Angebote zog man zurück.

Jan-Olaf war jetzt »Stupid guy is afraid of a duck«, und er hatte über 170 Millionen Klicks. Er war berühmt. Aber trösten konnte ihn das nicht.

HOFFNUNG UND DIETZE

Die Hoffnung stirbt ja bekanntlich zuletzt.

Und als es endlich so weit war, die Menschheit flöten, Erde weg, Sonnensystem kaputt und ansonsten alles hübsch gleichmäßig verteilt und bewegungslos, da verschnaufte Hoffnung kurz, trank in Gedanken ein Feierabendbier, aber wirklich nur in Gedanken, weil sie erstens vom Saufen nicht so viel hielt und es zweitens auch gar kein Bier mehr gab, und das lag nun ausnahmsweise mal nicht am Ladenschlussgesetz, sondern am Ende aller Zeiten.

Hoffnung musste sich eingestehen, dass sie nach all der Arbeit gerne noch ein bisschen *Dr. House* geguckt und entspannt hätte, vielleicht dazu die Füße in eine Schüssel warmen Wassers versetzt mit Kamillenextrakt gestellt, aber das ging nicht mehr. Es gab noch eins zu tun, und so machte Hoffnung als Letzte das Licht aus, und nun war es aber wirklich still.

Sie seufzte kurz, dann legte sie sich hin, faltete ihre metaphysischen Hände, von denen sie eine ganze Menge besaß, und schloss ihre Augen.

Natürlich gibt es Lustigeres, aber Hoffnung stirbt bekanntlich zuletzt, und am Ende eines so erfüllten Daseins kam sie nicht umhin, sich zumindest ein klein wenig aufs Abkratzen zu freuen. Sie lächelte und harrte dem, was nun käme oder auch eben nicht. Was dann kam, war allerdings sehr überraschend für sie.

Es war ein patziger Kommentar.

»Sag mal, was wird das denn, wenn das hier fertig ist?«

Im ersten Moment reagierte sie gar nicht darauf, schließlich hatte sie so was schon Trilliarden Male gehört, dieses Gemecker über nicht erfüllte Hoffnungen, geplatzte Träume etc. pp. Als ob sie was für die übersteigerten Vorstellungen der Menschen könnte.

Es dauerte einen Augenblick, bis sie erkannte, dass der Inhalt des Satzes durchaus gewohnt, aber in der momentanen Situation ziemlich unangebracht war, von wegen Ende des Universums und so. Sie öffnete die Augen und richtete sich auf.

Vor ihr stand ein halblanghaariger Studententyp in Schlappen und Cordjacke, hatte die Hände in die Hüften gestemmt und sah Hoffnung vorwurfsvoll an.

»Willst du dich hier gerade vom Acker machen, oder wie?«

Sie blinzelte. »Na ja, eigentlich schon ...«

»Ja, das geht aber nicht. Die Hoffnung stirbt bekanntlich zuletzt, gelle?!«, sagte der Typ und grinste humorlos.

Für eine vernünftige Antwort war Hoffnung zu perplex, weswegen sie recht hilflos in alle Richtungen wies. »Ja, aber, es ist doch alles vorbei. Finito. Tot. Alles alle, wir haben nix mehr. Ich würde ja sagen, kommen Sie morgen wieder, aber Morgen ist auch aus. Alter, ich hab Feierabend.«

»Nö, nicht solang noch einer da ist. Und ich bin ja augenscheinlich anwesend. Also ist nix mit Hinlegen und Abkacken. Ich brauche Hoffnung. Ohne Hoffnung ist der Mensch doch nichts.«

»Ach Mist, das ist doch scheiße. Da hab ich endlich mal Feierabend und will friedlich vor mich hinsterben, und dann kommst du hier an und hast noch Extrawünsche. Sag mal, wo zum Teufel kommst du jetzt überhaupt her, verdammt?«

Der Typ zuckte mit den Schultern. »Aus Bielefeld.« Hoffnung legte den Kopf schief. »Bielefeld gibt's doch gar nicht.«

»Ah, ha, ha, wie unglaublich witzig, den Spruch hab ich ja noch nie gehört. Sehr lustig, wirklich, und dazu auch noch so verdammt originell, echt jetzt, ich leg mich ab vor Lachen. Achtung, gleich kommt mir Limonade aus der Nase.«

Hoffnung grinste: »Nee, im Ernst. Bielefeld existiert nicht. Berlin aber auch nicht mehr. Oder Europa.«

Er guckte sie an, als hätte sie einen Sprung in der Schüssel, dann hob er verstehend die Augenbrauen, sah sich um und lachte. »Oh Mist, stimmt ja. Ist ja alles weg.« Er lachte so herzlich, dass Hoffnung gar nicht anders konnte, als es ihm gleichzutun. Gemeinsam schütteten sie sich aus vor Lachen, bis ihre Bäuche schmerzten. Der Typ wischte sich die Tränen aus den Augen und reichte ihr die Hand. Sie nahm sie an, und er half ihr auf die Beine, hatte sie doch die ganze Zeit vor ihm auf dem nicht vorhandenen Boden gesessen.

»Mein Name ist Dieter. Aber du kannst mich Dietze nennen, das machen alle.«

Sie klopfte sich vertrocknete Tachiyonen aus den Kleidern. »Ich bin Hoffnung. Aber du kannst mich ... äh, Hoffnung nennen. Na ja. Aber du musst mir jetzt echt mal erklären, wo du herkommst. Ich hab schon ewig keinen Menschen mehr gesehen, und das meine ich nicht metaphorisch. Es ist echt schon eine Ewigkeit her.«

Dieter zuckte mit den Schultern.

»Ich war auf einem Konzert, da kommt 'n Kumpel von mir an, drückt mir ein paar Pillen in die Hand und meint, die soll ich mal probieren, wäre ganz was Neues. Na ja, ich schluck zwei davon, und fünf Minuten später habe ich einen totalen Flash, im wahrsten Sinne des Wortes. Dann hab ich mich hier wiedergefunden, als du gerade den Löffel weglegen wolltest.«

»Na, da hast du aber Glück gehabt, dass du nicht fünf Minuten später aufgetaucht bist. Das wäre echt ärgerlich gewesen.«

»Das kannst du aber laut sagen.«

Sie sah an Dietze herab. »Du warst in Schlappen auf einem Konzert?«

»Ich mag's halt etwas gemütlicher. Casual wear, weißt du. Außerdem wohne ich direkt neben dem Club, das ist mehr so mein Wohnzimmer.«

»Hast du keine Angst, in irgendwelche Scherben zu treten?«

»Nö, eigentlich nicht. Man muss halt ein bisschen aufpassen, dann geht das schon.«

»Tja, da hast du wohl recht.«

»Ja, ja ...«

Hoffnung war nicht so gut im Small Talk, deswegen schwieg sie, während Dietze begann, leise vor sich hin zu pfeifen und dabei auf seine Schuhe zu starren.

Dann fragte sie: »Und was machen wir jetzt mit dir, mein Lieber?«

Er machte eine unschlüssige Geste. »Also, ich fänd's jetzt schon doof zu sterben oder so was. Ich bin schließlich erst sechsundzwanzig, das ist doch kein Alter.«

»Ja, aber es ist doch alles kaputt und weg. Du bist der letzte Mensch, das letzte lebende Wesen im Universum. Da ist sonst nix und niemand mehr. Es gibt nicht mal mehr Fernsehen. Oder Kirmes. Oder einen Imbiss. Was willst du überhaupt essen?«

»Keine Ahnung. Aber ich hab noch Hoffnung«, antwortete Dieter, zeigte auf Hoffnung und grinste sie an.

Sie gab klein bei. »Du bist vielleicht ein komischer Vogel. Gönnst mir nicht mal meinen wohlverdienten Feierabend.«

»Sorry.«

»Nee, ist ja auch dein gutes Recht. Aber was sollen wir denn jetzt mit dem Ende der Welt anstellen?«

Dieter sah sich um. Die Materie des Universums hatte sich völlig gleichmäßig im Raum verteilt, es gab keinerlei Bewegung mehr, und mit 4 Grad Kelvin war es recht frisch.

»Na ja, wir könnten ja mal so ein Partikelchen anschubsen und gucken, was dann passiert«, schlug er vor.

»Und dann?«

»Na, vielleicht ergibt sich was, wenn erst die ganze Chose in Bewegung gerät. Hier eine Kollision, da eine neue Elementverbindung, vielleicht ein bisschen Reibung, Temperatur und so weiter und so fort.«

»Du meinst einen Neuanfang? Denkst du, das klappt? Schöpfung ist gar nicht so einfach, wie man sich das gemeinhin so vorstellt.«

Er lächelte sie an. »Aber du weißt doch selbst am besten: Die Hoffnung stirbt zuletzt.«

Sie schnaufte gespielt resigniert und lächelte zurück. »Na gut, den Versuch ist es wert.« Sie schnippte ein Partikel an, und das machte sich auf die Reise, rempelte einen Kollegen an, flipperte ein bisschen herum und begann dann einen subatomaren Pogo. Kleine Lichtblitze bezeugten erste Reaktionen.

»Scheint zu klappen«, meinte Dietze.

Hoffnung nickte. »Sieht nicht schlecht aus. Pass mal auf, am Ende gibt es tatsächlich wieder Menschen oder intelligentes Leben, und die beten dann den Heiligen Dieter an, den Schöpfer der Welt, den unbewegten Beweger, die pillenfressende Allmacht in Hausschlappen. Wäre ja nicht das erste Mal, das sag ich dir.«

Sie lachten beide, hockten sich hin und sahen der zunehmenden Zahl an Blitzlichtern zu.

»Rauchst du?«, fragte Dieter.

»Ab und zu«, antwortete Hoffnung, »aber eher keine normalen Zigaretten, wenn du verstehst, was ich meine.«

»Na, und ob ich das verstehe. Ich hab noch Gras dabei. Bock?« Er angelte ein gut gefülltes Plastiktütchen aus einer Jackentasche.

»Wenn du baust. Ich bin da leider nicht so gut drin, meine Tüten fallen immer halb auseinander.« Sie wedelte mit ihren Gliedmaßen. »Zu viele Hände.«

»Kein Problem.«

Sie teilten sich die Tüte und sahen dem Universum beim Werden zu. Hier und da rumste es inzwischen kräftig.

»Weißt du«, sagte Hoffnung und sog genießerisch am Spliff, »so ein entstehendes Universum kommt immer noch am besten, wenn man bekifft ist.«

»Du sagst es, Hoffnung, du sagst es.«

MEIN 9/11-TRAUMA
(AUCH IN DEINER STADT)

Als er mir auf dem Bürgersteig entgegenkommt, balle ich unwillkürlich die Faust in der Tasche. Ein Gefühl der Beklemmung und latenter Aggression bemächtigt sich meiner, unbewusst und ungewollt, aber in dieser Zeit kein Wunder. Wie er daherstolziert, in seinen dunklen Klamotten, wie sie diese Typen immer tragen, der Vollbart und ein Blick, der dir sagen soll: »Ungläubiger!«

Ich verabscheue diese Fanatiker und Fundamentalisten, die uns im 21. Jahrhundert einen 1A mittelalterlichen Glaubenskrieg bescheren. In einer Zeit, wo man meinen sollte, dass wir aufgeklärt genug sind, um friedlich und vernünftig miteinander umzugehen, sorgen sie mit ihren Hetzreden über Krieg und Terror im Namen Gottes für Missgunst, Tod und Verderben auf der Welt.

Ja, natürlich, nicht jeder von ihnen ist ein Terrorist, aber wenn ich ihnen in der Stadt begegne, dann mache ich mir trotzdem die leicht paranoide Sorge, ob ich gleich von so einem weggesprengt oder gesteinigt werde.

Aber meine Eltern haben mir beigebracht, dass man tolerant sein soll, auch und vor allem Andersdenkenden gegenüber, und dass man stets höflich bleiben soll, also verziehe ich keine Miene, als wir aneinander vorbeigehen, nicke ihm zu und sage artig: »Guten Morgen, Herr Pfarrer.«

Tagebuch
eines
Black-Metal-
Fans

Es ist gar nicht so einfach, Fan der härtesten
und schwärzesten aller Musikrichtungen zu sein ...

TAGESABLAUF EINES BLACK-METAL-FANS

Aufwachen, Anlage an.

Necrotic Goatflesh auf Lautstärke zehn. Gut, um fit zu werden. Ich reibe mir die Augen und sehe die Bescherung: Hab wieder vergessen, mein Corpsepaint vorm Schlafengehen abzuwaschen. Schminke im Kopfkissen, meine schöne *Venom*-Biberbettwäsche ist total versaut. Egal. *Venom* sind true. Ich bin true.

Ich schlurfe in die Küche, mache Kaffee. Natürlich schwarz. Richtigen Kaffee. Nur Pulver, kurz aufgebrüht im Kaffeesatz von gestern. Mein Kaffee ist true, ich bin true. Und wach. Mein Herzschlag beschleunigt auf hundertachtzig Blastbeats. Merkwürdig, dass ich ein Herz habe. Aber das ist bestimmt auch schwarz. So wie ich. So wie meine Lunge. Ich rauche erst mal eine. Filter sind was für Weicheier. Drehe den Tabak pur in Tabak, zünde alles an und lass es im Mundraum schwelen. Ich bin true, meine inneren Organe sind true.

Beschließe, ein bisschen dem Meister zu huldigen. Der satanische Schrein ist im Wohnzimmer, neben dem Fernseher. Der Schrein ist true. War auch gar nicht teuer. Sonderangebot. Beginne die schwarze Messe und merke, dass Schweineblut alle ist. Mist. Schreibe es auf den Einkaufszettel. Rotwein geht auch. Rotwein ist aber auch alle. War ein langer Abend gestern. Verwende Kirschsaft. Kirschsaft ist lecker. Satanische Eingebungen bleiben aus. Mache eine neue CD an. Wie die Band heißt, weiß ich nicht, irgendwas Langes mit vielen X und Y und keinem einzigen Vokal. Das ist true. Ich bin true.

Gehe ins Bad und lege neues Corpsepaint auf, aber nur ganz dezent. Danach mache ich mich für die Arbeit fertig, lege die blutverschmierte Schlachterschürze an, nehme das Hackebeil zur Hand und klemme mir einen Rucksack unter den Arm.

In der Linie 4 gucken mich wieder alle dumm an, das ist gut. Ich bin true, und ich hasse sie alle hingebungsvoll an.

Am Schlachthof steige ich aus, winke der Bahn noch mit meinem Beil nach. Dann schlage ich mich in die Büsche, stopfe Beil und Schürze in den Rucksack, zupfe meinen Anzug zurecht, mache mein Gesicht sauber, lege die Krawatte an, und fünfzehn Minuten später stehe ich hinter meinem Schaltertresen und frage Frau Watteschneck, wie sie sich ihre Altersvorsorge vorgestellt hat und ob es ihrem liebreizenden Mops Rainer wieder besser geht.

Da muss man durch, ich bin trotzdem true. Heimlich hasse ich Frau Watteschneck natürlich beim Rausgehen hinterher und beschließe, Mops Rainer demnächst mal kräftig durchzuopfern.

Gefühlte sechshundertsechsundsechzig Stunden später bin ich wieder frei. Hinter einem Gebüsch ziehe ich mich wieder um. Dabei guckt mir eine schwarze Katze zu.

Ich sag: »Heil Satan, schwarze Katze«, aber sie versteht mich wohl nicht. Auch schon von der christlich-bürgerlichen Gesellschaft indoktriniert.

Zu Hause mache ich mir was zu essen. Ein schönes blutiges Steak mit Mettbeilage. Dazu höre ich mir das Demotape einer nord-norwegischen Band aus dem Nordosten Norwegens an. Entweder mein Tapedeck ist kaputt, oder die Band ist voll true. Entscheide mich für Letzteres, bin schließlich selbst true.

Als Nachtisch gibt es selbst gemachte Weißweinmousse. Mag ich. Bin trotzdem true und opfere Satan sicherheitshalber einen Löffel voll.

Muss los. Ich treffe mich mit meinen Kumpels. Na ja, was man so »Kumpels« nennt. Wir sind eher eine Zweckgemeinschaft, nichts weiter. Misanthropie ist halt in der Gruppe lustiger. Auch wenn man alle außer sich selbst hingebungsvoll anhasst, ist es doof, alleine loszuziehen. Außer mir sind noch da: Necrobutcher, Slayer of Innocent Virgins, Killcommander, Noctus, Misanthropic Hellchild und Markus. Markus hat keinen Kampfnamen, weil er als Pfleger bei der Diakonie arbeitet, und die dürfen so was nicht mitkriegen, da muss man auch Verständnis für haben. Zur Begrüßung schlagen wir unsere Armstulpen aneinander und grunzen. Dann versuchen wir, die verhakten Killernieten wieder voneinander zu lösen.

Slayer of Innocent Virgins hat Met und Kekse mitgebracht, sehr lecker.

Wir gehen auf ein Konzert. Wie die Band heißt, weiß keiner, weil keiner den Schriftzug auf dem Plakat entziffern konnte. Das ist true. Ich bin auch true.

Wir begeben uns auf unsere Plätze in einer dunklen Ecke, verschränken die Arme und stehen rum. Die Band fängt an. Der Sound klingt wie aus einem Blecheimer, eine Lightshow oder Ansagen gibt's nicht, und bewegen tun sich die drei auf der Bühne auch nicht. Die sind gut!

Vor der Bühne moshen sich ein paar Leute, als gäb's kein Morgen. Was für Poser!

Meine Armbeugen fangen an zu schwitzen, egal. Nichts anmerken lassen, ich bin true. Muss mal wieder das angepisste Rumstehen trainieren.

Neben mir steht ein ziemlich heißes Mädel.

Ich brüll sie an: »EYY!«

Sie faucht: »Verpiss dich, oder ich reiß dir deine bepissten Scheißgedärme raus!«

Wir tauschen unsere Telefonnummern aus und verabreden uns fürs Wochenende.

Mit den Worten »Wir hassen euch alle!« verlässt die Band nach zwanzig Minuten den Saal. Frenetisches Kopfnicken unsererseits.

Wir stöbern noch ein bisschen am Merchandise-Stand herum. Die Band hat keine Tapes, aber dafür selbst gebrannte CDs dabei. »Scheiß Kommerz!«, brüllen wir die kleine Frau hinter dem Tapeziertisch an. So geht's ja nu echt nicht.

Gut, dass wenigstens wir noch true sind.

Bin müde. Zu Hause noch schnell ein bisschen Satan gepriesen, dann gehe ich ins Bett.

Mist, ich hab schon wieder vergessen, mich abzuschminken.

Egal. Hauptsache, true.

IM URLAUB

Aufwachen, Anlage an.

Meinen momentanen Lieblingssong auf volle Lautstärke drehen: »Jesus was a cunt and he menstruated bloody blood (and gore, a lot of gory gore!)«.

Mir ist irgendwie übel. Das ist zwar true, passt mir aber gerade nicht so. Überlege, ob ich bei der schwarzen Messe wieder ranziges Schweineblut getrunken hab. Aber war ja gar keine schwarze Messe gestern. War Party bei Septic Reaper seinen Eltern im Keller. Vielleicht hatt' ich auch nur einen schlechten Döner.

Stehe auf, und alles dreht sich.

Wäge ab: Kaffee oder Kotzen. Entscheide mich für Letzteres. Renne zum Klo, häng den Kopf hinein und erbreche mich hingebungsvoll. Versuche dabei, möglichst blasphemische Laute von mir zu geben, und stelle mir dabei vor, ich wäre das Mädchen aus *Der Exzorzist*, aber nicht als Mädchen, sondern mehr so wie der Junge aus *Omen*. Nach der Opferung sehe ich mir die Bescherung in der Kloschüssel an.

Ulkig.

Mein Erbrochenes ist komplett schwarz.

Cool, hab mir endlich die Seele aus dem Leib gekotzt.

Ich bin so was von true, das muss ich erst mal in meinem Tagebuch festhalten. Das Tagebuch müffelt. Vielleicht sollte ich doch lieber wieder Tinte anstelle von Blut verwenden. Dann wird mir bei längeren Einträgen auch nicht mehr so schwindelig. Und es klebt nicht so.

Danach lege ich neues Corpsepaint auf: weißes Gesicht mit einem großen umgedrehten schwarzen Kreuz, der Querbalken geht über den Mund und ist leicht nach unten gekrümmt, was mir einen finsteren Gesichtsausdruck verleiht, selbst wenn ich aus Versehen mal wieder lachen sollte wie zuletzt am 11. September 2001. Weil Sommer ist, male ich noch einen Luftballon dazu und eine Sonnenblume.

Unten wird gehupt, also packe ich meine Sachen und gehe runter. Vor der Tür steht ein schwarzer Bulli. Unsere Zweckgemeinschaft fährt in den Urlaub. Nach Norderney.

Eigentlich wollten wir nach Island oder Nordost-Nordnorwegen, aber das macht ja inzwischen jeder. War außerdem zu teuer.

Mit dabei sind Slayer of Innocent Virgins, Misanthropic Hellchild, Markus, Grave Inspector und Schlachthausfotze. Schlachthausfotze heißt eigentlich Ulrike und hört gar keinen true Black Metal, aber wir dachten uns, ganz ohne Mädchen ist auch blöd, da wollen wir mal nicht so sein. Corpsepaint haben wir trotzdem verlangt, aber sie hat das Konzept anscheinend nicht ganz verstanden, jedenfalls sieht ihr Gesicht jetzt aus wie Reklame für Hello Kitty.

Ich packe den Reiseproviant ein, wir werden lange unterwegs sein. Die Nordsee ist zwar gar nicht so weit weg, aber wir machen einen Schlenker über Brandenburg und freuen uns dann ochsig, als wir auf der Fähre ankommen und der Kilometerzähler exakt 666 anzeigt. Das waren die viereinhalb Stunden Umweg wert.

Die Fähre ist rappelvoll, aber wir haben ein Deck für uns alleine. Könnte etwas damit zu tun haben, dass wir uns über die Wassertiefe der Nordsee, Schiffsschrauben, Hackfleisch halb und halb, kleine Kinder und alte Leute unterhalten.

Wir wollen zelten, aber als wir auf dem Platz ankommen, ist alles voll. Eine katholische Jugendgruppe überlässt uns freundlicherweise ihr Zwanzig-Mann-Zelt, nachdem sich Slayer of Innocent Virgins nach schlachtbaren unschuldigen Jungfrauen erkundigt hat. Sie lassen uns auch ihre Vorräte da und ein gutes Dutzend Bibeln und Kruzifixe, damit wir uns abends am Lagerfeuer wärmen können. Weihwasser ist auch da, schmeckt aber nur so mittel.

Am nächsten Tag fahren wir mit einem Kutter auf die Nordsee. Ist ganz nett, aber dann lässt sich Schlachthausfotze zeigen, wie man Krabben pult. Wir sagen ihr, dass sie ja wohl voll krank sei, und sie meint: »Is' aber doch lecker«, und wir sagen, dass wir mit so einer Einstellung echt nicht weiterkommen. Dann ist Schlachthausfotze beleidigt und will nach Hause. Abends sind wir wieder versöhnt und feiern ein bisschen. Die Bibeln sind zwar alle, aber die Nachbarzelte brennen auch ganz gut. Gemeinsam singen wir ein Lagerfeuerlied:

»*Immer wenn ich glücklich bin, trink ich meinen Met,*
wenn ich dann noch glücklich bin, trink ich noch 'n Met,
wenn ich dann noch glücklich bin, trink ich noch 'n Met,
und wenn ich dann noch glücklich bin, trink ich, bis nix mehr geht,
holla he, juve juve veve HAAAAAAA!«

Am zweiten Tag regnet es. Wir spielen Risiko. Risiko ist true. Nichts kommt der Essenz von Hass näher. Killcommander schlägt vor, die katholische Jugendgruppe als Spielfiguren zu benutzen, aber die sind flinker, als man denkt.

Am nächsten Tag regnet es immer noch. Wir lesen uns aus der satanischen Bibel und der Super-Illu vor und hören ukrainischen Black Metal. Schlachthausfotze fragt, ob wir nicht mal Marilyn Manson anmachen können. Wir nicken und verbuddeln sie dann am Strand.

Nachts schleichen wir uns zu den Katholiken und flüstern den Schlafenden ins Ohr: »Satan liebt dich! Satan ist gut! Satan verteilt Freikarten fürs Cinemaxx!«

Am nächsten Tag möchten sie sich CDs von uns ausleihen und wollen wissen, ob das Befestigen der Killernieten irgendwie wehtut. Wieder ein gutes böses Werk getan.

Den letzten Urlaubstag nutzen wir für einen Besuch auf dem Kleintierfriedhof. Stellen fest, dass ein vier Monate toter Chihuahua genauso blöd aussieht wie ein lebendiger Chihuahua und dass Hamstergrabsteine zu klein sind für ein anständiges Pentagramm.

Uns wird langweilig. Wir graben Schlachthausfotze wieder aus und packen unsere Sachen. Norderney ist voll untrue.

Nächstes Mal fahren wir in den Heidepark Soltau. Da soll's angeblich Wikinger geben.

HÖLLENGLOCKEN

Aufwachen, Anlage an.

Infernalischer, unmenschlicher Lärm knallt aus den Boxen. »You're my heart, you're my soul« von *Modern Talking*. Dieter Bohlen ist Gott. Ich kann das beurteilen, bin schließlich Satanist. Springe aus dem Bett und kann knapp einen zweiten Refrain vereiteln. Wälze mich auf dem Boden, röchele, schäume aus dem Mund und leide Qualen wie bei meinem letzten Inzorzismus. Inzorzismus ist genau wie Exorzismus, nur andersrum. Neulich hatte ich in einem Moment der Schwäche einer alten Dame über die Straße geholfen. Septic Reaper hat mal zwanzig Euro nach Holland überwiesen und dafür eine Bescheinigung gekriegt, dass er jetzt voll anerkannter Priester der Church of Satan ist, deswegen durfte er einen Inzorzismus an mir durchführen, um mich wieder zur Vernunft zu bringen. Später habe ich die alte Dame wiedergetroffen und sie boshafterweise über die Straße zurückgeführt. Da hat die vielleicht geguckt!

Mama steht in meinem Zimmer. Sie sagt, ich solle nicht so theatralisch sein und mal lieber in die Puschen kommen. Antworte, dass ich keinen Bock habe und sie doch bitte gefälligst die Finger von meiner Anlage lassen soll, ansonsten *nekcel netset-rewrellA nenies nataS dnu netiekgiwE ella rüf neromhcs ellöH red ni eis ennök.

Mama sagt, Rückwärtssprechen sei ja wohl voll Siebziger, und

---

* Ich hätte natürlich auch »hcsrA« sagen können, aber so spricht man nicht mit seiner Mutter.

ich könne mir auch eine eigene Wohnung suchen, wenn's mir nicht passt, aber jetzt zack-zack!

Ich gebe nach und verspreche, gleich runterzukommen. Als Mutter weg ist, entschuldige ich mich auf Knien bei den Plakaten von *Darkthrone*, Ozzy Osbourne und *Venom* für den morgendlichen ununchristlichen Lärm und mache zum Ausgleich eine CD mit vielen X und Y an. Stelle fest, dass Mama gewiefter und grausamer ist, als ich dachte, und wälze mich noch ein bisschen zu den Klängen von Hannah Montana auf dem Boden.

In der mütterlichen Wohnung frage ich, warum zum Engel wir eigentlich auf die Hochzeit meines Vaters müssen, schließlich ist die Scheidung meiner Eltern alles andere als friedlich abgelaufen, und dann war da ja noch die Sache mit dem Pürierstab gewesen, weswegen ich zumindest väterlicherseits keine Geschwister mehr zu erwarten habe.

Mama sagt, das gehöre sich so, sie hätten sich ja auch wieder vertragen, außerdem heirate mein Vater ja nur einmal im Leben zum zweiten Mal, und sie wolle sich die verblödete Schlampe angucken, die so dämlich sei, diesen impotenten Penner zu nehmen. Außerdem hätte sie mit Oma eine Wette laufen, dass sich Mutters Mutter nicht traue, während der Zeremonie »Eunuchen-Eugen, Oi Oi Oi!« zu brüllen.

»Aber in die Kirche komme ich nicht mit«, motze ich, und Mama sagt, ist okay, dann solle ich halt solang im Auto warten.

Stelle später dreierlei fest:

1. Eine Hochzeit kann sich ganz schön hinziehen.
2. Ein schwarzes Auto ist zwar true, heizt sich aber mächtig auf, wenn man es in der Sonne parkt.
3. Selbst als Achtzehnjähriger gelingt es mir nicht, die Kindersicherung eines Volvos zu knacken.

Hätte wohl doch misstrauisch werden sollen, als Mama mich ins Heck verfrachtet und das Hundegitter zwischen Vorder- und Rückbank eingebaut hat. Wir haben gar keinen Hund. Sie ist eine bösartige, gerissene und grausame Frau – ich liebe und verehre sie. Beschließe, demnächst einen amtlichen Ödipuskomplex zu entwickeln.

Ich schwitze vor mich hin und lutsche Eisbonbons, die sich als riesengroßer Beschiss entpuppen, und wünsche mich nach Nordost-Nordnorwegen oder wenigstens in den Aldi-Süd.

Nach zwei Stunden kommt Muttern wieder zurück. Sie fragt mich, wie es mir geht, und ich weine etwas, was aber unter all dem Schweiß nicht auffällt, weswegen sie davon ausgeht, dass die Schüssel Wasser vor dem Rücksitz ausreichend für mich war. Die Zeremonie war wohl ganz schön, aber Oma hat jetzt bei der katholischen Sekte lebenslang Hausverbot. Sage, dass lebenslang für Großmutter ja wohl keine große Drohung ist, und ernte einen bösen Blick.

Papa und meine frischgebackene Stiefmutter haben einen Saal gemietet, in dem gefeiert wird. Ich stehe in einer Ecke und gucke böse. Keiner aus der neuen oder gebrauchten Verwandtschaft will sich mit mir unterhalten. Könnte an meinem Corpsepaint liegen. Dafür trage ich Anzug, das war der Kompromiss. Ignoriert zu werden, passt mir eigentlich ganz gut, aber mir wird langweilig. Beschließe, mir ein bisschen Gesellschaftsfähigkeit anzutrinken, und bestelle an der Theke ein Bier. Die Bedienung guckt doof und fragt, ob ich denn schon alt genug wäre, und ich sage, dass ich im besten Alter bin, denn 6 + 6 + 6 ergibt 18, und damit bin ich nicht nur volljährig, sondern auch noch voll true. Sie gibt mir ein Sixpack, und ich muss versprechen, erst wiederzukommen, wenn ihre Schicht zu Ende ist. Schlendere zur Hochzeitstorte, und vertreibe mir ein bisschen die Zeit, indem ich die Marzipanrosen zu rosa Pentagrammen umknete. Mein Handy verkündet: »Heil Satan, Heil Satan!« Eine SMS von Grave

Inspector. Meine Zweckgemeinschaft will wissen, ob ich Zeit habe. Sie wollen in die Stadt, Bierchen trinken, Pommes fressen und vielleicht ein paar Grabsteine umschubsen oder eine Kirche mit Böllern bewerfen. Na super, die haben ihren Spaß, und ich sitze hier fest.

Schlendere zum Kindertisch und beschließe, den kleinen Rackern mal die Wahrheit über den Weihnachtsmann zu erzählen. Ja, es gibt ihn, aber er wohnt nicht am Nordpol, sondern in Springwood in der Elm Street, und sein Name ist Freddy Krueger und, ja, er hat Kinder sehr gerne. Ich gebe den Kleinen noch ein paar Filmtipps. Auf der Bühne wird inzwischen Karaoke gesungen, und ich frage den Typen am Midiplayer, ob er was von *Immortal* oder wenigstens »Hell's bells« im Programm hat. Hat er natürlich nicht, also entscheide ich mich für das geringste Übel. Trete ans Mikrofon und gebe eine eigenwillig umgetextete Version eines bekannten Schlagers zum Besten. Nur den Refrain lasse ich unverändert, und der ganze Saal brüllt mit mir: »Hölle, Hölle, Hölle!« Mama hat recht, rückwärts abgespielte Platten sind langweilig, der wahre Meister der unterschwelligen satanischen Botschaften ist Wolfgang Petry.

Vom Singen ist meine Kehle trocken, also schnappe ich mir ein Glas Wasser von der Theke. Stelle fest, dass man problemlos ein 0,3l-Glas auf Ex trinken kann, bevor man merkt, dass es sich um Wodka handelt.

Als ich wieder Luft kriege, wirkt die Party gar nicht mehr so schlecht. Beginne, die Braut anzubaggern, aber sie ist wohl mit jemand anderem hier. Mist.

Denke, dass ich schon ewig nicht mehr stagedived war und dass jetzt ein guter Zeitpunkt ist. Gehe ans Mikro, brülle »Arschbombe!«, nehme Anlauf und springe.

Als ich wieder zu mir komme, stellt mir Mama gerade einen Kotzeimer neben das Bett. Ich murmele eine Entschuldigung, aber sie zuckt nur mit den Schultern. Mein Vater sei ein Arsch, sagt sie, und dass es schon seinen Grund hat, warum sie mich mitgenommen habe. Man könne sich immerhin darauf verlassen, dass ich mich danebenbenehme. Als sie weg ist, preise ich Satan, aber nur kurz, weil ich Kopfschmerzen habe. Gehe zum CD-Player, lege *Venom* ein und mich ins Bett. Anlage an. Einschlafen.

IN LOVE WITH SATAN

Aufwachen, Anlage an.

Höre den Soundtrack zu meinem neuen Lieblingsfilm: *Jesus Fistus – Die Faust Gottes. Er nagelt sie und legt sie aufs Kreuz*.

Hab meinen freien Tag, also lese ich erst mal ein bisschen. Friedrich Nietzsches »Antichrist«. Nee, is' gelogen, ich lese 'n Pornoheft. Na ja, eigentlich ist es ein »Lustiges Taschenbuch«.

Killcommander ruft an. Ob ich gerade wieder »Lustiges Taschenbuch« lese und mir Daisy Duck nackig vorstelle. Nein, lüge ich und ziehe meine Hose hoch.

Killcommander sagt, dass ich krank und pervers sei und er stolz auf mich.

Ich frage, was anliegt, und er sagt, ich soll abends zu ihm kommen, die Zweckgemeinschaft will grillen. Ich schaue auf den Kalender: »15. Januar« steht da, und ich sag: »Okay, Grillen klingt gut.« Wir grillen nur im Winter. Das ist true.

»Nordost-nordnorwegisches Barbecue« nennen wir das. Kein Feuer, nur Mett. Und Met.

Muss aber vorher in die Stadt.

Hasse mich gerade durch die Einkaufspassage, als ich einen Typ mit Corpsepaint sehe. Cool, ein Kollege, denke ich und geh zu ihm rüber.

»Hass, Alter«, sage ich, aber er sagt nix. Kein Wunder, er kann mich nicht verstehen, zwischen uns ist eine dicke Scheibe, an der er rumpatscht. Denke ich zumindest, aber als ich klopfen will, ist da nix. Was für ein Arsch.

»HÖR MA'!«, sag ich. »VERARSCHEN KANN ICH MICH ALLEINE!« Und gebe dem Kollegen mal gepflegt eins auf die Zwölf, was anwesende Kinder zum Anlass nehmen loszuheulen. Die Erwachsenen applaudieren und gratulieren mir, ich hätte ihren Traum gelebt, von wegen Pantomime umwemmsen und so.

So viel Zuwendung ist nichts für mich, also flüchte ich mich in die nächste Schlachterei und besorge Mett und Rinderblut. Zum Einreiben.

Abends bin ich der Letzte, der bei Killcommander antanzt. Die Zweckgemeinschaft ist schon vollständig anwesend und damit beschäftigt rumzustehen. Alle ziehen eine angefressene Miene, und keiner sagt was. Coole Party, denke ich und sage: »Voll scheiße hier.« Killcommander sagt »Danke« und zeigt auf einen mir unbekannten Rücken. »Kennt ihr euch schon?«, fragt er, ich sag: »Nö, wer ist der Kerl?«, und wie auf Kommando dreht der sich um und ist 'ne Sie.

Sie sagt »Hi«, und ich antworte wahrheitsgemäß »Hmpflbrrrt«. Blöde Antwort, denke ich. Aber ein guter Bandname.

Apropos Name, ich sag ihr meinen. Sie sagt, ihr Name wäre Gruftmuschi, und ich solle mich verpissen. Dann schlägt sie mir mit Schmackes in den Magen. Krümme mich auf dem Boden, kotze ein bisschen und fühle mich ganz komisch. Ich glaub, ich bin verliebt. Obwohl, geht ja gar nicht. Bin doch true, und Liebe ist völlig untrue. Aber das Gefühl ist da, das lässt sich nicht leugnen. Vom Erbrechen mal abgesehen, kribbelt es in meinen Innereien. Fühlt sich an, als hätte ich Raben im Bauch, wenn ich nur an sie denke. Aber Liebe geht nicht, ich brauche ein anderes Wort dafür. »Anti-Hass« ist gut. Anti und Hass in einem, das ist true.

Wanke zu ihr hin.

»Hallo, ich noch mal«, sag ich.

»Du bist scheiße«, sagt sie.

»Du bist zum Kotzen«, sag ich. So kommen wir ins Gespräch. Reden über Satan und diverse Weltuntergangsszenarien, Lieblingsfriedhöfe und so. Vergleichen unsere favorisierten Hassobjekte, und sind uns einig, dass wir die Menschheit hassen, Kinder, Popper, Rapper, Deppen, Sonnenaufgänge und Berliner mit Pflaumenmusfüllung, bei Letzteren sind wir uns besonders einig, Berliner mit Pflaumenmusfüllung gehen gar nicht, das ist irgendwie Verarsche. Verabreden uns zum gemeinsamen Backen. Wollen Berliner machen. Als Füllung nehmen wir dann pürierte Ziegenleber. Schmeckt sicher unglaublich beschissen. Wär' aber true wie nix.

Sie muss los. Wir beleidigen uns noch ein bisschen, »dumme Nutte« ich, »impotenter Wichser« sie.

Telefonieren am nächsten Abend und verabreden uns für Mitternacht, ein bisschen Wein trinken, labern, Satan preisen und vielleicht noch eine Folge *Scrubs* gucken. Bei *Scrubs* wird bei uns nur gelacht, wenn einer stirbt. Wir lachen oft.

Ist zwar nur ein paar Stunden hin bis zum Date, aber für mich fühlt es sich an wie 666 Stunden. Ich muss wirklich verantihasst sein, wenn ich so scharf darauf bin, Gruftmuschi wiederzusehen. Slayer of Innocent Virgins befürchtet, dass ich bald nicht mehr mit ihm um die Häuser ziehen und unschuldige schlachtbare Jungfrauen suchen werde, und Misanthropic Hellchild nennt mich eine Pussy und sagt, ich wäre ja wohl ein Verräter und voll nicht true.

Mag sein, denke ich. Vielleicht bin ich untrue.

Aber dafür kriege ich vielleicht endlich mal Sex.

Das wiederum fände ich persönlich äußerst true.

TATÜTATA

Aufwachen, Anlage an.

Das ist zumindest der Plan. Aber dann: Richte mich auf und kriege voll eins auf die Zwölf. Mir wird schwarz vor Augen, und ich denke noch, Schwarz ist true, und das mit dem Hochbett war wohl doch eine scheiß Idee, vor allem in einer Kellerwohnung. Dann denke ich erst mal gar nichts mehr. Komme eine gute halbe Stunde später wieder zu mir, und wälze mich stöhnend hin und her. Resümiere, dass das Hochbett nicht nur eine blöde Idee war, sondern auch viel zu schmal gebaut ist. Kann den freien Fall zum Glück mit meiner Stirn abfangen.

Rappele mich auf. Mein Schädel brummt, mir ist kotzübel, und alles dreht sich. Cool, denke ich, man kann auch ohne Alkohol Spaß haben.

Mache Musik an. Kann gerade keinen Black Metal am gehirnerschütterten Kopf haben, also hör ich *Slayer*. An solchen Tagen darf es auch mal Pop sein. Wanke in die Küche und mache Kaffee. Will das Pussyprogramm durchziehen und mir Milch in die Tasse kippen, aber es kommt nix raus. Dafür verschiebt sich im Karton spürbar ein kompaktes Gewicht. Gucke auf das Verfallsdatum und gratuliere der Milch zum Geburtstag. Schneide den Karton auf, um den Inhalt zu begutachten. Guter Käse riecht auch etwas streng, denke ich und wische mir die Tränen aus den Augen. Stochere mit dem Löffel in der Masse herum, und es blubbert leise. Im Prinzip ist das Quark, also fülle ich den Milchkarton mit Kaffee auf verrühre alles und lass es mir schmecken.

Mmmmh, Kaffeequark, denke ich, dass da noch keiner drauf gekommen ist.

Zehn Minuten später erreiche ich mit letzter Kraft das Telefon und kann zwischen zwei Magenkrämpfen einen Notruf absetzen.

Der Doktoronkel im Krankenhaus schickt mich zum Magenauspumpen, außerdem hätte ich eine Gehirnerschütterung. »Die kommt vom zu heftigen Headbangen«, sage ich, und er sagt: »Ja, ja, und deine Mudder sitzt bei Aldi unter der Kasse und macht Piep!« Ich solle mal lieber eine Nacht zur Beobachtung dableiben.

Eine halbe Stunde später liege ich auf einem Vier-Bett-Zimmer, frage mich woher der Doktor das mit meiner Mutter wusste, und langweile mich zu Untode. Rufe meine Zweckgemeinschaft an, die sollen anrücken. Wenn wir uns schon andauernd auf Friedhöfen herumtreiben, können wir uns ja auch mal den Zulieferbetrieb ein bisschen genauer angucken.

Es kommen Misanthropic Hellchild, Killcommander, Slayer of Innocent Virgins und Markus. Markus heißt jetzt aber nicht mehr Markus, sagt Markus. Er nennt sich jetzt Barbaric Guardian of the Seven Gates of Hell. Bei der Diakonie haben sie spitzgekriegt, dass er Satanist ist, und ihn gefeuert. Jetzt hat er einen neuen Job, wo man sich nichts daraus macht, dass er nihilistischer Menschenhasser und Teufelsanbeter ist. Er arbeitet jetzt in einer Kita.

Da darf er sogar Corpsepaint tragen, macht er aber nicht mehr, seit ihn die kleine Lara-Felicitas ausgelacht hat, und weil er keine Lust hat, sich deswegen mit einer Vierjährigen anzulegen. Mit denen kann man nicht streiten, sagt er, die Hälfte aller Kraftausdrücke kennen die nicht und die andere Hälfte besser als man selbst. Und diese ganzen Doppelnamen bei den Blagen findet er auch bescheuert, sagt Barbaric Guardian of the Seven Gates of Hell. Aber sonst sei der Job ganz okay, die hätten da eigene Kaninchen, für das kleine Blutopfer zwischendurch, morgens halb zehn in Deutschland.

Wir streifen durch das Krankenhaus. In den Zimmern hängen Kreuze, die drehen wir Erstes alle mal in die korrekte Position. In einem leeren Raum entdeckt Misanthropic Hellchild einen Defibrillator. Cool, sagt Killcommander und legt sich hin. Wir schließen ihn ans EKG an und verpassen ihm Elektroschocks. Wollen seinen Herzschlag auf 666 hochtreiben. Klappt aber nicht. Dafür zittert er jetzt etwas komisch, und seine Haare stehen ab und rauchen. Er sieht ein bisschen aus wie ein bekiffter Panda mit Afro.

Wir fragen eine Schwester, wo die Blutbank ist. Sie fragt, was wir da zu suchen hätten, wir antworten, dass wir gerne einer bekumpelten Band eine Freude machen wollen, Bühnendeko und so. Sie guckt uns kritisch an, guckt auf die Killernieten, an denen hier und da Laub und Kleintiere hängen geblieben sind, guckt auf unser Corpsepaint und unsere Shirts und sagt, wir sollen warten. Ein paar Minuten später kommt sie mit einem ganzen Karton Blutkonserven, die könnten wir haben.

Ich frag, Blutgruppe A oder B, sie sagt, CDU. Klar, das will keiner haben.

Danach fahren wir in den Keller, Leichenhalle suchen. Gucke durch eine Tür, hinter der es lärmt wie im Proberaum von *Venom*. Die Müllpresse. In der Presse werden gerade säckeweise gebrauchte Mullbinden und Erwachsenenwindeln zusammengepresst. Es ist laut, es stinkt bestialisch, es ist absolut ekelerregend. Cool, denke ich, das ist true. Mache Fotos und überlege, ob ich mit der Müllpresse ein Bandprojekt starten sollte.

Killcommander hat inzwischen die Leichenhalle gefunden. In der Leichenhalle ist es doof. Da liegen alle nur rum. Machen trotzdem das Beste daraus und eröffnen unsere eigene kleine Körperwelten-Ausstellung. In der Pädiatrie. Man kann nie früh genug mit anatomischer Aufklärung anfangen, meint Barbaric

Guardian of the Seven Gates of Hell, und der muss es ja wissen. Ich denke, »Barbaric Guardian of the Seven Gates of Hell« ist ein ganz schön langer Name, und frag Barbaric Guardian of the Seven Gates of Hell, ob ich ihn nicht einfach »Seven Gates« oder vielleicht »Barbie« nennen kann, und Barbaric Guardian of the Seven Gates of Hell sagt, könne ich machen, wenn er mir dann den Unterschied erklären dürfe zwischen Black Metal und Aufs-Maul-Metal, und ich sag: »Na schön, dann halt Barbaric Guardian of the Seven Gates of Hell, ist auch okay.«

Im dritten Stock sind alle am Pennen. Die Komastation. Misanthropic Hellchild hat einen Edding dabei, und wir dekorieren die Schlafenden. Die Stationsschwester erweist sich als total untrue und lässt uns achtkantig rauswerfen. Draußen hat es inzwischen geschneit. Killcommander schlägt vor, unsere Namen in den Schnee zu pinkeln, aber ich sage: »Warum pinkeln, wenn man auch true sein kann?« Also bluten wir unsere Namen in den Schnee.

Barbaric Guardian of the Seven Gates of Hell kommt bis zur Hälfte, dann kippt er um. »Siehste«, sag ich, »siehste, blöder Name.« Aber er sagt nix mehr.

»Hat der ein Glück, dass wir direkt vorm Krankenhaus stehen«, sag ich, und wir tragen ihn rein.

HIMMEL, HÖLLE UND WALHALL

Aufwachen, Anlage an ...
 Moment mal.
 Aufwachen ist nicht. Ich schwebe unter der Decke. Ulkig. Gucke runter, und sehe mich auf dem Bett liegen, etwa zwei Meter unter mir.
Oh. Bin wohl tot. Das ist true. Wurde aber auch Zeit. Hatte mir eigentlich fest vorgenommen, mit 66 1/2 zu sterben, bin dann aber doch deutlich älter geworden.

Versuche, ein bisschen an meiner Leiche rumzuschänden, scheitere aber an meiner momentan eher ätherischen Konsistenz. Dafür macht jemand das Licht an, genauer gesagt, zwei Lichter. Genauer gesagt, zwei Lichterkreise, die mich unwiderstehlich anziehen. Vermute, das müssen dann wohl die Tore Richtung Himmel und Hölle sein. Ich schwebe ein bisschen näher ran. Entscheidungshilfe leistet nur leise Musik, die aus den Kreisen tönt. Beethovens Neunte aus dem einen Kreis, »Black shining leather« von *Carpathian Forest* aus dem anderen. Alles klar, home is where the hard is. Ich fliege durch den Kreis mit dem Black Metal. Es wird gleißend hell, und als ich wieder was sehen kann, liege ich auf einer Wolke und hab 'ne Harfe in der Hand. »Boah«, sage ich. »Was für ein mieser Trick.«

Vor mir steht ER, so wie man ihn sich vorstellt, barfuß, langes, weißes Gewand, weißer Rauschebart, weißes, lockiges Haar: David Hasselhoff.

Er grinst mich an.

»Ach, du lieber ... Hoff«, sage ich.

»Willkommen im Himmelreich«, sagt er.

Ich motze, das mit der schwarzmetallischen Lichtkreisbeschallung sei ja wohl derber Beschiss gewesen, und warum erwarte mich denn bitte nicht Gott oder Petrus, sondern ein mieser Schauspieler, und the Hoff sagt, das nenne man erstens zielgruppenorientiertes Product-Placement, und zweitens hätte er den Job als Empfangsmensch bekommen, weil er auf Erden immerhin Ost- und Westdeutschland ganz allein durch seine Musik wiedervereinigt und Millionen Menschen vorgeführt habe, wohin Alkoholmissbrauch führt. Und Petrus sei in Rente. Der hätte es im Kreuz.

Ich sag: »Aber Himmel kommt für mich nicht in Frage, das ist ja mal komplett untrue«, und er fragt, wo ich denn hinmöchte. Ich will erst sagen, wenn schon, denn schon Hölle, aber dann fällt mir die andere Option ein, die mehr nach Party klingt, also sag ich: »Schick mich nach Walhall!«

Er reckt beide Daumen in die Höhe, sagt »Kein Problem, Kumpel« und grinst ein Zahnpastalächeln, bei dem es wirklich »Pling« macht und ein Schneidezahn glitzert. Dem ist echt nicht mehr zu helfen, denke ich. Er winkt einmal mit seiner Hand. Ein Lichtkreis tut sich auf: Ich kann Gesänge und Schlachtenlärm hören. »Geh einfach durch, und du bist da«, sagt Hasselhoff. Ich stiefel los, da ruft er mich noch mal. Ich dreh mich zu ihm um. »Und denk immer an das erste Gebot, Kumpel«, ruft er. »Never Hassel the Hoff!« Dann gibt er mir zwei Fingerpistolen, und ich frage mich, ob man jemanden ein zweites Mal töten kann. Er steigt in sein Auto und braust davon. Das Auto ist true. Es ist schwarz. Und es kann sprechen.

Ich geh durch den Kreis und lande in Walhall. In Walhall ist es true.

Jeden Tag lockert man sich nach einem Guten-Morgen-Horn Met mit einer kleinen, blutigen Schlacht, Jungfrauenschändung und Dorfplünderung auf, dann wird gefeiert. Abends, wenn es kalt wird, fackeln wir eine Holzkirche ab, saufen Met und rösten Marshmallows. Marshmallows sind vielleicht nicht besonders true. Aber lecker. Danach trinkt man noch ein Gute-Nacht-Horn Met; dann wird geschlafen.

Nach einer Woche ist mir vom Honigwein kotzübel, und ich hab Kopfschmerzen. Thor meint, gegen Metmigräne hätte er 'ne Hammertherapie, aber ich sage, ich würd's doch mal lieber mit der Hölle probieren.

Er zuckt mit den Schultern, wirbelt Mjöllnir, und ein Lichtkreis geht auf. Man hört Flammenknistern und Schmerzensschreie. Ich gehe hindurch.

Ich bin in der Hölle. Überall schlagen Flammen empor, um mich herum kann ich Tausende Folterkammern und Flammenseen erkennen, in denen sich Menschen vor Schmerzen winden und schreien. Es riecht nach Blut, verrottendem und verbranntem Fleisch und allerlei Ausscheidungen. Hübsch hier, denke ich und seh mich mal um. Es sind alle hier, die man erwartet hat: Hitler, Stalin, Charles Manson, Papst Benedikt, Tom Cruise, Osama bin Laden, der Typ, der den *Catwoman*-Film verbrochen hat, und mein Vermieter. Xavier Naidoo kommt auf mich zu und sagt, es wäre ihm eine Freude, mich kennenzulernen, und ich sag, das könne ich nicht so sagen.

Und dann steht er vor mir: Satan persönlich. Er ist riesig, rothäutig, hat Hufe und gewaltige Hörner. Seine Augen glühen, und von seinen Händen tropft Blut. Er ist das Furchteinflößendste und Grauenhafteste, was ich je gesehen habe. Ich frage ihn nach einem Autogramm. Kein Problem, sagt er, reißt mir die Haut vom Rücken und fräst seine Unterschrift in meine Wirbelsäule. Unbeschreibliche Schmerzen durchzucken mich, und ich denke: Wie true ist das denn?

Als ich wieder zu mir komme, fragt Satan, was es denn für mich sein dürfe, Streckbank, verbrennen, gesteinigt werden,

Dieter Bohlens gebrochenen Penis eincremen oder für den Anfang vielleicht was Leichtes, ein Jahrhundert lang viertelstündlich die Zehennägel ausgerissen kriegen?

Ich frag ihn, ob ich vielleicht erst mal nach meiner Zweckgemeinschaft suchen darf, und er sagt, klar, ich müsse es ja wissen, aber ich wüsste nicht, was mir für ein Spaß entgehe.

Tatsächlich treffe ich bei der Ur-Filiale von McDonald's Misanthropic Hellchild, Killcommander, Slayer of Innocent Virgins und Barbaric Guardian of the Seven Gates of hell. Barbaric Guardian to the Seven Gates of Hell heißt aber gar nicht mehr Barbaric Guardian of the Seven Gates of Hell, sagt Barbaric Guardian of the Seven Gates of Hell. Er nennt sich wieder Markus, seit er bei dem Versuch, seinen Namen in den Schnee zu bluten, verstorben ist.

Ich frag, was denn so geht in der Hölle, und die anderen meinen, nicht viel. Konzerte gibt es nur von Justin Bieber und den *Wildecker Herzbuben*, und im Fernsehen laufen ausschließlich RTL2 und 9Live. Ab und zu schlurft Ozzy Osbourne mal vorbei und versucht, einen um Koks anzuschnorren, aber das war's auch schon. Das ist immerhin die Hölle.

Also machen wir das Beste daraus. Wir suchen uns einen Platz in einer dunklen Ecke, ganz hinten, verschränken die Arme und stehen rum. Bis in alle Ewigkeit.

Das ist zwar langweilig. Aber true.

OOOOOHOO, ARSCHLOCH!

Es liegt in der Natur der Dinge, dass man sich seine Verwandtschaft nicht auswählen kann. Das ist schade und zudem ein Indiz dafür, dass die Krone der Schöpfung im Grunde genommen immer noch kein geeignetes Haupt gefunden hat.

Auch mich hatte im feuchten Mutterleib niemand gefragt, ob ich denn nun Klingelton A, Klingelton B oder Klingelton C auf meinem genetischen Taschentelefon draufhaben möchte. Und eigentlich bin ich noch ganz gut weggekommen, allerdings gab es einen schwarzen Fleck in unserem Familienbuch, und das war meines Vaters blöder Bruder.

Onkel Tom, der wirklich so hieß, war ein Mann mit der unangenehmen Eigenschaft, seinen weiblichen Verwandten im Grundschul- und Kindergartenalter zur Begrüßung lange Zungenküsse zu verabreichen, ein Mann, der den Ausdruck »fünf neue Bundesländer« auf Ostpreußen, Holland, Tirol, das Sudetenland und die Ostmark bezog. Wenn man ihn fragte, welches seine Lieblingsstädte seien, antwortete er: »Rostock-Lichtenhagen und Heil! Bronn!« So etwas fand er ungemein witzig. Die *Böhsen Onkelz* bezeichnete er als »Bimbomusik«, und die DVU wollte er nur nicht wählen, weil ihm zu viele linke Spinner in dieser Partei waren.

Onkel Tom war kein Nazi, er war einfach nur rechtsradikal.

Es war für mich an der Zeit, diesem letzten Bollwerk des Faschismus in unserer Familie mal ein bisschen Vernunft beizubiegen, wie ich fand. Anlass war der Vorschlag meiner Eltern, doch mal etwas mit meinem obskuren Vaterbruder gemeinsam zu unternehmen. Ich kann mich nicht entsinnen, an diesem Tag irgendetwas profund Schlimmes getan zu haben, daher unterstelle ich meinen Eltern, dass diese Aufforderung nicht als Strafe oder sadistische Erziehungsmaßnahme gedacht war. Vielleicht wollten sie einfach mal ein paar Stunden ihre Ruhe haben.

Auf Onkel Toms Vorschlag hin, wir könnten ja im nachbarlichen Stammlokal *Bei Inge* mal so richtig einen heben, intervenierte meine Erzeugerin mit dem Argument, ich als Dreizehnjähriger würde von Inge, die eigentlich Jochen hieß, sowieso nix zu saufen kriegen, und außerdem hätte ich eh bei ihm/ihr Lokalverbot. Das war sogar richtig. Ein paar Jahre zuvor hatte ich im Billardzimmer der Kneipe mit einem zwar wenig gekonnten, aber kraftvoll und mit Enthusiasmus ausgeführten Queuestoß den grünen Filz des Tisches der Länge nach aufgeschlitzt wie weiland Freddy Krueger kreischende Collegestudenten. Niemand hatte das ungewollte Attentat auf die teure Tischbespannung mitgekriegt, da die volljährige Thekenbesatzung mit Fußball und Frühschoppen ausreichend beschäftigt war, sodass sie meinen Bemühungen keine Beachtung schenken konnten. Mein Vater, den ich persönlich kannte und sogar duzen durfte, war froh, mich einigermaßen erfolgreich beschäftigungstherapiert zu haben, und würdigte meine stoß- und schummelschubsenden Künste keines Blickes.

Daher beschloss ich, dass es am unauffälligsten wäre, den Riss im Filz nicht zu flicken oder zu verdecken, sondern den Schaden durch die vollständige Eliminierung des Umfeldes zu vertuschen, und zog folgerichtig den kompletten Stoff vom Tisch ab. Das Täuschungsmanöver scheiterte natürlich kläglich, und die Häutung des Sportgerätes hatte zur Folge, dass mich Inge-Jochen in hohem Bogen des Lokals verwies mit der Auflage, erst dann wieder aufzutauchen, wenn ich »Haare am Sack und einen amtlichen Leberschaden« vorzuweisen hätte. Naiv, wie ich war, hatte ich keinerlei Ahnung, welchen Sack er/sie meinte, was recht merkwürdige Bilder in meinem Kopf zur Folge hatte. Erst eine Weile später klärte mich ein Klassenkamerad über diese Metapher auf, und ich wurde spontan rot im Gesicht.

Seither hatte sich natürlich einiges getan in meinem Leben, und neben diversen Synonymen für primäre und sekundäre Geschlechtsmerkmale und deren Benutzung lernte ich auch musikalische und politische Ideale kennen. Dementsprechend war mein Vorschlag für die mit Onkel Tom zu verbringenden Stunden: »Lass uns doch auf ein Konzert gehen!«

Und er sagte: »Können wir machen. Und von welcher Band?«

Und ich sagte: »Von *Die Ärzte*.«

Und er sagte: »Das heißt: von den Ärzten.«

Und ich: »Nee, *Die Ärzte*, weil Eigenname. Das muss so.«

Und er: »Ach so!«

Und ich: »Tja.«

Und Onkel Tom: »Und was machen die so?«

Ich: »Rockmusik. Die machen *Die beste Band der Welt*.«

Und er: »Noch ein Eigenname?«

Und ich: »Jau.«

Und er: »Okay, machen wir.«

»Okay.«

Der Vorteil am befohlenen spaßigen Zeit-miteinander-Verbringen mit unliebsamen Erwachsenen ist, dass die Finanzierung dieser Zeit den blöden Verwandten obliegt. Wobei sich in diesem Fall die Belastung des oheimschen Finanzhaushaltes noch in Grenzen hielt. Während man heutzutage Entscheidungen der Marke »zweites Kind oder die *Arctic Monkeys* im Kölner *E-Werk*« fällen muss oder auch »Nehme ich jetzt das Tourshirt oder brauche ich meine linke Niere vielleicht doch noch?«, so waren *Die Ärzte* auf ihrer damaligen Tour zum Album »Die Bestie in Menschengestalt« ein durchaus preisleistungsverhaltenes Vergnügen. Onkel Tom zuckte nicht mit der Wimper, als er die Tickets am Vorverkaufsschalter bezahlte.

Auf dem Weg zum *PC69* stellte ich fest, wie erschreckend wenig ich mit meinem Onkel zu reden hatte, zumal sich bei uns das Spannungsverhältnis zwischen rechtem Vollpfosten und Politpunk-Palituchträger ergab. Verwandtschaft ist oftmals nur in der Gruppe zur Kommunikation fähig und dann auch meist erst, wenn Alkohol im Spiel ist. Nach zwanzig Minuten stillschweigender Bielefeld-Durchquerung eröffnete er die Konversation.

»Und sonst?«

»Na ja.«

»Wie läuft's in der Schule?«

»Ja.«

»Geht?«

»M-hm.«

»Muss ja, ne?«

»Ne, muss.«

»Und, Mädchen?«

»Nee.«

»Aber auch nix mit Jungs, oder?«

»Nee. Quatsch.«

»Na dann.«

»Jau.«

»Wird noch.«

»Ja, ja.«

Der Westfale als solcher ist bekanntlich eine Labertasche.

Ich war froh, als wir in die Konzerthalle eintraten. Onkel Tom dackelte sofort zur Theke und besorgte Getränke, Cola ich, Bier er, und schweigend tranken wir und suchten uns einen günstigen Stehplatz. Ich war gespannt wie der sprichwörtliche Flitzebogen, wie er auf die Texte des Berliner Trios reagieren würde, schließlich ging es, wenn nicht um Claudia, dann um Leute eben wie Onkel Tom, und diese kamen dabei nicht gut weg. Vielleicht würde er ja was davon für sich annehmen. Mit U18 hat man noch Träume, allerdings war ich auch kein kompletter Idealist und Idiot. Die Umerziehung meines Onkels wäre ein hübscher Nebeneffekt gewesen. Primär ging es mir darum, gehörig die Sau rauszulassen. Als das notwendige Übel, oder wie die Vorband hieß, endlich fertig und die Bühne für die beste Band eingerichtet war, verabschiedete ich mich mit einem »Bis gleich!« von Onkel Tom und drängte mich nach vorn.

»Ich bin hier, wenn mich wer braucht«, hörte ich noch, dann wurde es auch schon dunkel, ein Chor aus anderthalbtausend Stimmbruchkehlen brach in Kreischen und Grölen aus, und prompt befand ich mich im schönsten Pogo-Pit.

Zu diesen Zeiten, als ich, wie erwähnt, noch nicht selbst die Finanzierung von derlei Vergnügungen besorgen musste, war es mir nicht allzu wichtig, etwas vom eigentlichen Konzert mitzubekommen. Meine Präferenzen lagen mehr in der ausgiebigen Lädierung meines Körpers, mit deren farbenfrohen Folgen man am nächsten Tag angeben konnte, wie anderswo alte Krieger ihre Narben zählen und vergleichen. Als mich nach einer guten Dreiviertelstunde schlussendlich ein amtlicher Ellbogenschwinger meines Vordermannes außer Gefecht setzte, wankte ich wie angeschossen und glückselig grinsend zurück, um mal nach meiner Verwandtschaft zu schauen.

Er stand recht entspannt neben einer Säule auf Höhe der Tontechnikerfestung und wippte im Takt mit. Er prostete mir mit seinem Bier zu. »Na, haste Spaß?«

Ich nickte: »Ähä!« Schnaufend betastete ich meine aufgeplatzte Lippe. »Und wie!«

»Durst?«

»Ähä!«

Er bestellte und reichte mir einen Becher koffeinhaltiger Plörre aus Zucker und Wasser, die ich gierig inhalierte. Ich wandte mich wieder dem Geschehen zu, und dann kündigte Farin den Song an, auf den ich und so ziemlich jeder andere im Saal gewartet hatte, der verdammte Hit des Sommers eben und die Parole des Jahres.

Und schon bei den ersten Akkorden von »Schrei nach Liebe« stand die Menge endgültig Kopf. Mit einem Auge schielte ich auf Onkel Tom. Nu war ich aber mal gespannt!

Bei der ersten Strophe blieb es noch beim jovialen Mitwippen, aber spätestens der Refrain würde eine konkrete Reaktion seinerseits erfordern. Und tatsächlich: Als vielhundertfach wie noch später auf vielen anderen Studentenpartys der Lieblingspart erschallte, schaute mein Onkel doch ein wenig verblüfft aus der Wäsche. Und dann guckte ich dumm aus der Wäsche, denn beim nächsten Mal brüllte er lauthals mit: »ARSCHLOCH! ARSCHLOCH!«

Und grinste breit.

Ich staunte. Schließlich gibt es an dem Text nichts Zweideutiges. Bezog er jetzt Stellung, oder war mein Onkel wirklich so was von komplett stumpf? Ich wusste mir keinen Rat, aber ein paar Mal brüllten wir dann noch gemeinsam: »ARSCHLOCH! ARSCHLOCH!«

Und dann war der Zauber auch langsam vorbei. Die drei Bestien in Menschengestalt hatten das Publikum fachgerecht zerrockt und genossen vermutlich bereits ihren wohlverdienten Backstage-Feierabend, während wir leicht torkelnd und angemessen verschwitzt ins Freie traten.

»War gut!«, blieb Onkel Toms einziger Kommentar. Schweigend gingen wir den Weg zum Bahnhof, wo wir in eine Regionalbahn stiegen, um den Nachhauseweg anzutreten.

Wir saßen gerade, als mein Onkel wie von der Tarantel gestochen wieder von seinem Platz aufsprang und zur Zugtür eilte.

Eine Mutter mit Kind hatte Schwierigkeiten, ihren Nachwuchs im Buggy in den Waggon zu wuchten. Die Frau war offensichtlich afrikanischer Abstammung. Charmant lächelnd ging er ihr zur Hand, dann kam er wieder zurück und setzte sich mir gegenüber hin, lehnte sich breit grinsend zurück und schloss die Augen.

Ich starrte ihn nun endgültig mit aufgerissenem Mund an.

»Musst gar nicht so dumm gucken!«, sagte er, ohne die Augen zu öffnen. »Nur weil ich ab und an mal ein paar Sprüche reiße, muss ich kein komplettes Arschloch sein, oder?«

Ich staunte. Während der Zug durch die Nacht fuhr, ruckelte er sanft hin und her und wiegte die wenigen Fahrgäste, die sich schweigend mit sich selbst beschäftigten.

Ich sah den Mann mir gegenüber an, der leise zu schnarchen begann: Das war mein Onkel Tom.

Das war der Mann, der über seinem Sofa ein Poster hängen hatte, auf dem oben in großen Lettern geschrieben stand: »WHY?«, und darunter das grobkörnige schwarz-weiße Bildnis eines leeren Bierkastens.

Das war der Mann, der in der voll besetzten S-Bahn lautstark und für alle Anwesenden vernehmbar seine damalige Freundin per Handy anwies: »Stell das Bier kalt und reiß die Beine auseinander, ich bin in fünf Minuten zu Hause!«

Das war der Mann, dessen Lieblingsscherz so ging: Er hielt einem ein Feuerzeug ans Ohr, betätigte den Gasknopf und brüllte: »Und, kannste's hör'n? Radio Auschwitz!«

Mein Onkel.

Der Bruder meines Vaters.

Und vielleicht ein Teil der menschlichen Gesellschaft.

Immerhin, er war mir doch deutlich sympathischer geworden an diesem Abend. Ich würde ihn immer noch nicht zu meinem Lieblingsverwandten erklären, denn im Grunde blieb er ein ziemlicher Pfosten.

Deswegen weckte ich ihn auch nicht, als ich eine Station weiter ausstieg, sondern ließ ihn friedlich schlafen. Der Zugschaffner würde sich schon früher oder später für ihn verantwortlich fühlen. Und weiter als bis Münster würde der Zug sowieso nicht fahren.

MEINE ERSTEN ZWEIT-ELTERN

Mein bester Freund hieß Kerstin, und sie wusste es besser.

»Wenn du morgen die Eltern deiner Perle kennenlernen willst, dann solltest du heute keine Bohnen essen«, hat sie gesagt. Aber ich meinte nur, dass sie eine Pussy ist, und hab mir gleich eine doppelte Portion Chili reingehauen.

Ja, es war so weit, ich war fast achtzehn, und zum ersten Mal in meinem Leben würde ich die Eltern meiner Freundin kennenlernen, so richtig mit allem Drum und Dran, vorher duschen, das noch etwas flaumige Mofabärtchen wegrasieren, Hände schütteln, gemeinsam essen, was von mir erzählen und vermutlich versprechen müssen, nicht zu übereifrig mit meinen Entjungferungsplänen zu sein. Susanne war ein süßes, tolles Mädel, und ich war schwerst verknallt, aber man kann es nicht anders sagen: Sie entsprang einem saumäßig spießigen Haushalt. Sie musste regelmäßig in die Kirche gehen, der Vater hütete das Hymen seiner Tochter mit Argusaugen (zumindest hatte ich dieses schräge Bild immer im Kopf), die Mutter war Hausfrau aus Leidenschaft, der Vater Versicherungsvertreter aus Tradition. Sie bewohnten ein langweiliges Einfamilienhaus in einer mit langweiligen Einfamilienhäusern vollgestellten Siedlung, einem FDP- und CDU-Wähler-Ghetto.

Ich war nervös und hatte schlimmste Horrorvorstellungen vom kommenden Tag, und wenn ich nervös bin, muss ich was essen. Am liebsten Chili con Carne.

Kerstin schüttelte den Kopf, während ich mir genussvoll das

scharfe Mahl in den Rachen stopfte. »Wenn du Susannes Eltern vollfurzt, wirst du dich nicht unbedingt beliebt machen«, sagte sie, und ich sagte: »Ach, was.« Kerstin zuckte mit den Schultern, sagte nur: »Wenn du meinst«, und ging nach Hause.

Ich holte mir noch eine Portion Chili und trank Milch, damit es nicht ganz so brannte.

Am nächsten Tag wurde ich durch ein lautes Grummeln geweckt. Ich verfluchte die Stadtplaner, denn anscheinend wurde zum dritten Mal innerhalb eines Jahres die Straße vor unserem Haus aufgerissen. Aber dann kam die Erkenntnis, dass die Ursache näher lag. Das waren keine Bauarbeiten, das war mein Magen. Ich richtete mich auf. Das war ein Fehler. Schlagartig schien meine gesamte Verdauungsmaschinerie in Wallung zu geraten und machte Sachen, die ich nicht in meinen Innereien spüren wollte. Ich sprang aus dem Bett, rannte durch den Flur, vorbei an meinem verdutzten, morgenbemantelten Vater, aufs Klo. Dort wurde ich unerwartet religiös, zumindest wenn man von meinen »Oh, mein Gott«-Rufen ausgeht. Als ich eine halbe Stunde später wieder aus dem Bad trat, fühlte ich mich, als hätte ich eine vollständige Eingeweidetransplantation mit anschließender analer Heißwachsversiegelung hinter mir.

Papa stand vor mir. »Guten Morgen, Sohn«, sagte er. »Du siehst scheiße aus.«

»Mir ist schlecht«, informierte ich ihn überflüssigerweise.

»Du hast doch wohl nichts von der vergammelten Milch getrunken?«

»Die war vergammelt?«

»Yep. Sozusagen antik.«

»Und warum schmeißt du die nicht weg, wenn du weißt, dass die nicht mehr gut ist?«

»Ich hab sie nicht in den Kühlschrank gestellt.«

Ich schnaubte ob der seltsamen Logik des Alphatieres, aber

um mich ernsthaft zu streiten, war mir einfach zu schlecht.

Ich beschloss, mein Unwohlsein wie mein Schuljahr in der 11. Klasse zu behandeln und das Problem einfach wegzupennen.

Ich legte mich ins Bett, schloss die Augen und machte mir warme Gedanken. Aber es brachte nichts. Meine Eingeweide rumpelten und machten Geräusche, die auf feuchte Art evolutionär klangen. Meine Schwester kam ins Zimmer gestiefelt, natürlich ohne anzuklopfen, wie immer. Ich vermute, sie wollte mich nur mal beim Onanieren erwischen, um dann bei Mama zu petzen, ich hätte sie sexuell belästigt, ob ich nicht endlich mal zur Adoption freigegeben werden könnte. Ich werde nie die Werbebroschüren für Kinderheime vergessen, die sie mir zum sechsten Geburtstag schenkte.

Ob ich mit ihr Video gucken wolle, fragte sie, Mama hätte ihr *Alien* aus der Videothek mitgebracht. Ich dachte an ein düsteres Raumschiff, eine tapfere Sigourney Weaver und ein schleimiges Alien, das sich aus Eingeweiden herausfrisst, und sagte: »Nein danke, ich hab schon.«

Sie zuckte mit den Schultern und verschwand. Ich sprang aus dem Bett und rannte aufs Klo.

Als ich mich abends anzog und im Spiegel betrachtete, dachte ich, dass ich verblüffende Ähnlichkeit mit einem Biafra-Kind mit Albino-Syndrom habe. Aber Absagen kam nicht infrage, das hätte mir Susanne als Feigheit vor dem Feind, also ihren Eltern, ausgelegt. Und so langsam ging es mir auch besser, ich hatte mich anscheinend komplett geleert. Dafür kamen jetzt die Blähungen. Zahlreich, akustisch dominant und vor allem sämtliche Menschenrechtskonventionen verletzend. Eigentlich gibt es ja das seltsame Phänomen, dass man seine eigenen Darmwinde mit einem kruden Gefühl der Befriedigung schnuppert. Nicht dieses Mal. Dieses Mal hätte ich mir gerne den eigenen Arsch abgeschraubt und drei Meter tief im Garten vergraben.

Aber ich komme aus Mannheim und nicht aus Memmingen, also würde ich versuchen, meine Körperfunktionen durch pure Willenskraft zu beherrschen.

Um Punkt acht klingelte ich geschniegelt und gestriegelt und mit Magenkneifen bei Susanne. Sie öffnete die Tür, strahlte, sah mich an und strahlte dann nicht mehr so. »Du siehst scheiße aus«, sagte sie in besorgtem Ton.

»Halb so wild«, beschwichtigte ich und nahm sie in den Arm.

BUMM.

Es wurde still, und ich spürte, wie sich Susanne versteifte.

BUMM.

Die Vögel hörten auf zu zwitschern, und die Geräusche der Stadt schienen zu verstummen. Irgendwo in der Ferne heulte ein Wolf. Der Tonlage nach ein Dackelwolf.

BUMM.

Vor der Haustür war vom letzten Regen eine kleine Pfütze geblieben. Auf der Oberfläche zeigten sich Erschütterungskreise.

BUMM.

Es kam näher, und ich zog Susanne schützend näher an mich.

BUMM.

Und dann konnte ich es sehen, und mein Herz wurde klamm.

Das Tier kam herbei, und siehe, es waren Eltern. Susannes Eltern. Aus dem Dunkel des Flurs traten sie heraus und musterten mich aus vier Augen. Dann lächelten sie, und ich bekam es mit der Angst.

Der Vater streckte seine Klaue aus und zeigte seine Zähne. »Hallo, du bist also Susannes fester Freund«, sagte er. Es klang wie: »Ah, du willst also meine Tochter schwängern, du perverses Schwein.« Wie kann man nur so gemein und dabei so freundlich sein, dachte ich und unterdrückte den Drang zu pupsen.

Ich nickte nur und gab eine Antwort, die so leise war, dass ich selbst nicht wusste, was ich gesagt hatte, und gab auch Susannes Mutter die Hand. Freundlicherweise bekam ich sie wieder zurück, und wir gingen ins Haus. Hinter mir fiel mit einem Krachen die Tür ins Schloss. Ich saß in der Falle.

Susanne und ich wurden aufs Sofa verfrachtet, während ihre Mutter sich in die Küche verwuselte und ihr Vater den Tisch deckte. Er fragte, ob ich was zu trinken wolle, und ich musste mich beherrschen, nicht reflexartig »Bier!« zu brüllen. Stattdessen antwortete ich, dass eine Cola gut wäre. Mein Magen grummelte Protest, aber einen Rückzieher wollte ich trotzdem nicht machen.

Mit der Entspanntheit von zwei angezogenen Schraubstöcken saßen Susanne und ich auf dem Sofa und wagten nicht, uns anzusehen oder gar anzufassen, obwohl wir gerade viel lieber körperflüssigkeitsintensive Zärtlichkeiten ausgetauscht hätten. Ich nippte gelegentlich an meiner Cola und versuchte, nicht zu furzen oder mir in die Hose zu machen und mein Magenknurren mit Small Talk zu überdecken.

Endlich wurde aufgetischt.

Es gab Braten. Mit Sauerkraut. Als Beilage Salat mit weißen Bohnen.

Ich mümmelte Kleinstportionen in mich hinein und versuchte, meine Verdauung im Zaum zu halten, während Susanne mir böse Blicke zuwarf, weil es so aussehen musste, als fände ich das aufgetischte Essen nicht besonders lecker. Ihr Vater fragte mich über die Schule und meine Lebensplanung aus, wozu ich nur kleinlaute Kommentare abgab. Wie mir denn das Essen schmecke, ob mir das Haus gefalle und ob ich vorhätte, in nächster Zeit seine Tochter zu entjungfern. Na gut, das Letzte hat er nicht gefragt, aber das mit dem Essen, und ich so: »Doch, is' lecker«, und das Haus gefalle mir auch gut. Ja, sagte Big Daddy, er würde ja gerade renovieren, alles ganz alleine, ohne Hilfe von Handwerkern, und ich so: »Wow, Respekt.« Da grinste er zufrieden, und ich pupste leise und etwas feucht. Es wurde Zeit für mich, mal kurz auszutreten.

Aber leider waren Susanne und ihre Familie nicht die Schnellsten am Futtertrog, und während sie gemütlich schaufelten und in meinem Inneren der Druck stieg wie in einem weißrussischen Kernreaktor, stopfte auch ich weiter Braten und Sauerkraut in mich hinein, weil ich ums Verrecken nicht unhöflich wirken wollte.

Endlich klopfte der Leitwolf zufrieden auf die Tischplatte. »So, Zeit für den Nachtisch«, drohte er und verschwand in der Küche. Anscheinend war das Dessert hier Chefsache. Susanne und ihre Mutter räumten derweil das Geschirr ab, und plötzlich war ich allein mit meinem Elend.

Ich wusste, dass es im Flur im Erdgeschoss eine Gästetoilette gab, aber die lag direkt neben der Küche, und ich wollte nicht, dass die drei Ohrenzeugen meiner Eruptionen werden. Also schlich ich in den ersten Stock. Es war stockdunkel im Flur. Auf dem Lichtschalter rumzudrücken, brachte auch nichts. Ach ja, der Herr des Hauses versuchte sich in der eigenhändigen Renovierung. Na super. Ich probierte es mit der ersten Tür und konnte im Halbdunkel ein breites Bett entdecken. Hinter der nächsten Tür konnte ich Fliesen erspähen. Hier war ich richtig. Ich holte mein Feuerzeug hervor, das allerdings kaum Licht brachte, weil es fast leer war. Hauptsache, ich sah den heiß ersehnten Porzellanthron. Ächzend und mit zittrigen Fingern nestelte ich an Gürtel und Reißverschluss herum, den Hosenknopf riss ich der Einfachheit halber ab, dann ließ ich mich auf die Klobrille fallen und den Dingen ihren Lauf.

Dann folgte ... ein Moment der Stille.

Und dann ...

Lasst es mich so sagen: Es war laut. Es war apokalyptisch. Und es war verdammt unangenehm. Den Begriff »Sprühwurst« kannte ich schon für solche Gelegenheiten. Mir war allerdings bislang unbekannt gewesen, dass es auch »Sprühpeperoni« gab, extrascharf.

Stöhnend krümmte ich mich. Mein Inneres machte, was es wollte, und es fühlte sich an, als wollte mein Darm mal gucken, was denn draußen so abgeht. Eruption folgte auf Eruption. Ich schnaufte und schwitzte und jammerte. Dann war es endlich vorbei. Zwar war ich total fertig, und mein Rektum fühlte sich an, als hätte ich auf einem polnischen Silvesterböller gesessen, vor, während und nach der Detonation, aber ich war von allem Druck vorerst erlöst.

Ich hatte das Gefühl, ich hätte eine Stunde auf dem Klo verbracht, also wollte ich mich möglichst zügig wieder nach unten begeben. Ich entfachte das Feuerzeug und griff nach dem Klopapier.

Ich griff ins Leere. Da war kein Klopapier, nur ein leerer Rollenhalter. Ich wandte mich um. Auch nichts auf dem Spülkasten oder dem Fensterbrett darüber. Ich hob die kleine Flamme. Das Bad war im Großen und Ganzen komplett leer geräumt. Kein Schränkchen, wo noch eine Rolle Zellstoff hätte versteckt sein können. Himmel, und unten saßen Susanne und ihre Eltern und fragten sich, wo ich abgeblieben bin. Bald würden sie hochkommen ...

Einfach die Hose hochzuziehen, kam nicht infrage, dafür war ich zu sehr ... na ja: besprüht. Das würden die drei sogar noch riechen, selbst wenn es Knoblauchpudding mit Stinkekäsecreme zum Nachtisch gäbe.

Ich erinnerte mich, was mir ein Kumpel mal erzählt hatte, der mit seinen Eltern in Südostasien unterwegs gewesen ist: dass dort mit der einen Hand gegessen und mit der anderen Klopapier nachgeahmt wurde. Ich schaute auf meine rechte Hand (ich bin Linkshänder), atmete tief durch, sagte »Och, nöö!« und machte mich ans Werk. Als ich mich einigermaßen gereinigt fühlte, wuchtete ich mich hoch, die rechte Hand möglichst weit entfernt haltend. Die Hose um die Knöchel, tippelte ich zum Waschbecken. Ich wollte nur noch Hände waschen, lange, heiß und mit viel, viel, VIEL Seife. Ich drehte den Wasserhahn voll auf.

Es röchelte, dann war es still. Kein Wasser. Entsetzt starrte ich das Waschbecken an. Dann sah ich rüber zum Klo, das aussah, als hätte jemand eine Jauchegrube gesprengt. Ich tippelte zurück und drückte mit der sauberen Hand den Spülknopf.

Nichts. Keine Reaktion. Das Wasser war abgestellt. Nur beißender Gestank. Tränen schossen mir in die Augen. Ich hörte jemanden die Treppe hochkommen.

Erschrocken wirbelte ich herum, wobei ich leider vergaß, dass ich meine Hose noch nicht hochgezogen hatte. Wild mit den Armen wirbelnd kämpfte ich um mein Gleichgewicht und verlor. Mit der rechten Hand gelang es mir fast, mich noch an der Wand abzustützen, aber dafür war sie dann einfach doch zu schmierig. Unsanft landete ich auf dem Boden und knallte mit der Stirn auf die Fliesen. Schmerzerfüllt wälzte ich mich auf den Rücken und hielt mir die schmerzende Stirn. Versehentlich mit beiden Händen.

Brechreiz und Schmerz sind eine unschöne Kombination. Ich versuchte, wieder auf die Beine zu kommen. Ich kam auf alle viere, den nackten Arsch hoch in die Luft gereckt. Dies war der Moment, in welchem die Tür aufging, die ich in der Eile natürlich nicht abgeschlossen hatte. Hinter einem Bauscheinwerfer sah ich die entgeisterten Gesichter von Susanne, von ihrer Mutter, von ihrem Vater. Und ich sah den Zettel an der Außenseite der Tür, der groß mit »WC nicht benutzbar« beschriftet und mir im dunklen Flur entgangen war.

»Um Himmels willen«, stotterte Susannes Vater. Sie selbst sagte nichts, sie war damit beschäftigt, in Tränen auszubrechen. Ich zog mir die Hose hoch, ohne mich um die weitere Verschmutzung zu kümmern. Jetzt war eh alles egal. Ich zitterte am ganzen Körper. Niemand sagte etwas. In die Stille hinein pfiff ein leiser Furz.

»Es könnte schlimmer sein«, dachte ich, bevor ich mich krümmte und es schlimmer machte, indem ich Susannes Mutter auf die Schuhe reiherte.

Susanne hat es mir nicht weiter übel genommen, zumindest sagte sie das, als sie am nächsten Tag mit mir Schluss machte. Ich war zutiefst deprimiert. Und wenn ich deprimiert bin, muss ich was essen.

Am liebsten Chili con Carne.

SCHARFE SCHWESTER

Nun ist es also passiert.

Ohne dass ich es mitbekommen hätte, ist meine Schwester zur scharfen Braut geworden. Nicht dass ich mich in sie verknallen könnte, Himmelarschbewahre! Sie macht mich auch nicht rattig oder so was. Ich stehe ihr immer noch völlig neutral gegenüber. So neutral, dass ein Schweizer dagegen wie eine wankelmütige Flipperkugel wirkt. Aber selbst ich, der sie jeden Tag am Frühstückstisch und im weiteren Tagesverlauf ertragen muss, weil wir rein zufällig dieselben Eltern haben (was sie wiederum vehement bestreitet), komme nicht umhin zu bemerken, dass aus dem unscheinbaren Giftzahn zum Finale ihrer Pubertät eine schöne Frau zu werden droht. Hässlich, außer in ihrer Seele und ihrem Wortschatz mir gegenüber, war sie eigentlich nie. Eher ... unfertig. Oder wie es mein bester Freund Kerstin zu sagen pflegte: »Sie wird mit ihrem Gesicht vielleicht keinen Schönheitswettbewerb gewinnen, aber vielleicht mal einen Architekturpreis.« Ich fand, das traf es ziemlich genau.

Und nun ist meine Schwester hübsch. Das ist scheiße. Denn sie ist jetzt sechzehn, und ich bin vierzehn. Und die meisten meiner Kumpels sind ebenfalls vierzehn und sieden im Hochofen ihrer Hormone. Und seit einer Weile sabbern jedes Mal, wenn ich Besuch bekomme, die Spacken meiner Schwester hinterher, anstatt meine neuesten Comics oder Videospiele angemessen zu würdigen. Wozu hab ich denn Freunde, wenn sie mich nicht beachten? Zudem musste ich mit gelindem Entsetzen feststellen, dass ich gegenüber meinem Mitbewohnermonster plötzlich Beschützerinstinkte entwickele. Und das mir! Wo ich doch seit frühester Kindheit den Tag herbeigesehnt habe, an dem mir das Wachstum einen fairen Ausgleich für ihre zweieinhalb Jahre Altersvorsprung bescheren würde und ich ihr endlich mal demonstrieren könnte, dass es wirklich nicht witzig ist, wenn jemand auf einem sitzt und man mit den eigenen Händen immer wieder eine geklatscht kriegt. Jetzt will ich aber nicht mehr auf meiner Schwester sitzen und sie mit ihren eigenen Händen ohrfeigen. Da sind jetzt Brüste. Da kann man nicht mehr drauf sitzen. Da will ich gar nicht drauf sitzen. Aber drauf starren kann man anscheinend super, denn das tun meine Kumpels permanent, und ich weiß oft nicht, ob ich ihnen ihre Augäpfel wieder in die Höhlen zurückschieben oder sie einfach gleich abschlagen soll. Dass eine Schwester tierisch nerven kann, wusste ich bereits, aber jetzt hat es eine neue Qualität erreicht.

Jetzt verstehe ich auch Bodo besser. Der lädt niemanden mehr zu sich nach Hause ein, weil er kapiert hat, dass alle nur auf seine Mutter scharf sind. Nicht dass diese sich auf uns pubertierende Halblinge einlassen würde, aber man weiß ja nie. Und Bodos Mutter war für uns der Inbegriff an erwachsener Hotness. Sie war keine Milf, sie war eine Moamilf. Die Mother of all Mothers ... Wie auch immer. Wir wussten zwar, dass es gegen sämtliche Kumpelregeln verstieß, aber wir konnten einfach nicht anders. Obwohl wir keinen genauen blassen Schimmer hatten, was wir im Falle eines Falles einer tatsächlich erfolgten Verführung hätten tun sollen, ließen wir Bodo alle naselang allein vor seinem Rechner sitzen, weil wir uns angeblich was zu trinken aus der Küche holen wollten oder aufs Klo mussten. In Wahrheit lungerten wir in der Wohnung herum und hofften, dass seine Mutter gerade ihre Gymnastik machte oder etwas ähnlich Scharfes, sich zum Beispiel auf dem Balkon im Bikini sonnte, im knappen Bademantel auf dem Sofa saß oder ihre nackten Füße mit einem

Hornhauthobel bearbeitete, und wir dabei einen Blick auf sie erheischen konnten. Die meisten mussten danach wirklich mal dringend auf die Toilette und blieben dort auch einige Zeit und wirkten anschließend im Großen und Ganzen entspannt und verschämt.

Es gibt in der Hölle einen ganz speziellen Platz für jene, die die Mutter ihres Kumpels poppen wollen. Das ist ein völliges No-Go. Vieles andere ist verzeihbar. Wenn man mit der Freundin des besten Freundes schläft? Nun gut, das kann passieren. Da muss man kein Drama draus machen. Da gibt's halt ein paar auf die Nase und einige andere Körperteile, aber in der Notaufnahme wird dann verziehen und vielleicht noch ein, zwei Mal draufgehauen, nur um den Standpunkt klarzumachen. Aber die Mutter, das geht überhaupt nicht. Das steht ja auch so in der Bibel, irgendwo, glaube ich: »Du sollst nicht begehren, zu knattern deines Kumpels Mudda.« Daher kann ich es nachvollziehen, dass Bodo keinen Besuch mehr empfängt.

Das kommt für mich nicht infrage, denn ich möchte nicht darauf verzichten, mit meinen neuen Errungenschaften zu protzen. Meinen Vorschlag, meine Schwester bis zu ihrem, sagen wir mal, sechzigsten Geburtstag in ihrem Zimmer einzumauern, wird von meiner Mutter ebenso rigoros abgelehnt wie die Idee einer Geschlechtsumwandlung, weil ich mir doch immer schon ganz dolle ein großes Brüderchen gewünscht habe. Ich werde wohl weiter mit einem brünftigen Freundeskreis leben müssen, denke ich.

Ein paar Tage später jedoch erledigt sich mein Problem fast von selbst. Da stellt meine Schwester meinen Eltern und mir beim sonntäglichen Familienessen ihre neue Freundin vor. Nicht ihre gute oder beste Freundin, sondern ihre feste Freundin. Meine Eltern sind zwar recht liberal, auch wenn Mama anfängt zu weinen und Papa einen Herzinfarkt simuliert, wie fast jeden Sonntag, aber sie bitten meine Schwester und mich dennoch, nichts vom

Coming-out meiner Schwester herumzuerzählen. Ich verspreche, nichts herumzuerzählen, und mache nur ein paar Aushänge an meiner Schule. Nicht viele. Höchstens dreißig. In DIN A2. Das kostet mich zwar eine Stange Taschengeld, aber da Lesben Jungs in meinem Alter nervös machen, weil Homosexualität ja vielleicht doch irgendwie ansteckend sein könnte, bin ich mein Problem los. Aber leider auch meine Besucher. Otto hat nämlich als kleines Trostpflaster für die Scheidung seiner Eltern und seinen bescheuerten Vornamen einen riesigen Fernseher und eine Playstation bekommen, was meine Comics ziemlich abstinken lässt. Also treffen wir uns bei ihm. Zudem hat Ottos Vater eine neue Freundin, die gerne mal in Unterwäsche durchs Haus läuft und uns »süßen Jungens« durchs Haar wuschelt und an sich drückt. Sie ist zwar Mitte dreißig, und ich bin erst vierzehn, aber wer weiß? Da geht bestimmt was.

OMMA TOT

Früher war es schon etwas Besonderes, als Heranwachsender noch seine Großeltern zu kennen. Immerhin lag die durchschnittliche Lebenserwartung eines Menschen im sagenwirmal 12. Jahrhundert bei sagenwirmal 72 Stunden.

Aber dank der modernen Medizin und Ernährungswissenschaften und einer leckeren Auswahl an Konservierungsstoffen werden die heutigen Leute quasi lebend einbalsamiert und verwandeln eine jede Innenstadt in eine prämortale Körperwelten-Ausstellung. Es ist nicht mehr außergewöhnlich, als Erwachsener mit einer relativ lückenlosen atmenden Ahnenreihe bis ins zweite Glied ausgestattet zu sein. Oft sind die alten Herrschaften noch recht agil, wollen am Leben teilhaben und werden sogar zickig, wenn man ihnen nahelegt, dass es doch langsam an der Zeit wäre, Wohnraum freizugeben und die Wölfe im Wald zu besuchen. Stattdessen wackeln die Ü70er mit Skistöcken durch die Naherholungsgebiete, fordern Wahlrecht und das ZDF für sich ein und sitzen am Steuer von Pkws und machen den Straßenverkehr zu einer Todeszone, gegen die *Unreal Tournament* wie ein fluffiger Urlaubsstrand wirkt. Es ist also nichts Besonderes, zwei Ommas* zu haben, aber ich nehme es trotzdem nicht als selbstverständlich hin. Einerseits ist da die langweilige Omma A, die sich höflicherweise damit zufriedengibt, im *Haus Vierlinden* am Stadtrand vor sich hin zu vegetieren, zu gegebenen

---

* Ich komme aus Ostwestfalen, da sagt man »Omma«, also schreibe ich auch »Omma«, da können Rechtschreibrechthaber meckern, wie sie wollen. Ich darf das.

Anlässen überschaubare Geldsummen in einem Briefumschlag mit meinem Namen drauf zu versenden und einmal jährlich an Weihnachten ihren Aus- und Auflauf an unserem Esstisch zu genießen.

Und dann wäre da noch Omma Tot. Die ist allerdings gar nicht so tot, wie es der Name impliziert, und findet es auch relativ unlustig, von mir so genannt zu werden. Ich hatte mir den Spitznamen für Vaters Mutter angewöhnt, weil sie vor langer Zeit mal festgestellt hatte, dass Kerzen vielleicht eine günstige Alternative zu elektrischer Wohnraumbeleuchtung sind, aber nur solange man nicht vergisst, vorm Einkaufen das Licht auszumachen. Sie fand dann Obdach bei uns, während illegale Fachkräfte damit beschäftigt waren, ihr abgefackeltes Heim wieder instand zu setzen. Sie wurde in meinem Zimmer untergebracht, weswegen ich gezwungen wurde, zu meiner dusseligen älteren Schwester zu ziehen, was wir beide mit, gelinde gesagt, geringer Begeisterung quittierten.

Es war gar nicht toll, jeden Morgen mit zahnpastaverklebten Augen aufzuwachen oder von einer ins Gesicht geschleuderten nassen Unterhose geweckt zu werden, geschweige denn jede Nacht aufzustehen, nur um die Haare meiner Schwester an den Bettpfosten zu knoten, und Auszüge aus ihrem Tagebuch zu kopieren, um sie am nächsten Tag in ihrer Schule zu verteilen, schlauchte ebenfalls ganz schön.

Also machte ich meinem Unmut Luft, indem ich in der kindlichen Unschuld eines ungeduldigen Achtjährigen bei jedem Frühstück hoffnungsvoll fragte: »Und, ist Omma tot?«

Omma sagte dann immer: »Nein, ich sitze hier, verdammt!« Paps drohte mit Liebes- und Taschengeldentzug, was mich nicht weiter juckte, weil mir meine Schwester meine paar Mark sowieso immer abknöpfte, wenn ich sie nicht schnell genug in YPS mit Gimmick oder neue Matchbox-Autos investierte.

Irgendwann war Omma wieder zurück in ihrem fortan nur

noch elektrisch beleuchteten Eigenheim, aber der Name blieb irgendwie haften. Sogar meine Eltern verplapperten sich gelegentlich und nannten sie »Omma Tot«, und sie hatte mir schon in jungen Jahren angedroht, dass ich ihr dafür etwas schulde. Als sie ein paar Jahre später dann anrief und nur »Es ist so weit« in die Sprechmuschel raunte, wusste ich, dass ich nun endlich dran war.

Eigentlich klang es gar nicht so schlimm, was sie als Ausgleich für ihren wenig schmeichelhaften Kosenamen von mir verlangte. Sie wollte für drei Wochen zur Kur und hatte keinen Bock, die Zugfahrt inklusive Kofferschlepperei alleine zu erledigen. Ich sollte sie auf Hin- und Rückweg begleiten, ihr beim Tragen helfen und sie bespaßen.

Also fügte ich mich klaglos in mein Schicksal und stand zwei Wochen später bei ihr auf der Matte. Sie wuschelte mir durchs Haar und versuchte dankenswerterweise gar nicht erst, mir einen labberigen Altfrauenkuss auf die Wange zu drücken, sondern zeigte nur auf einen großen Koffer.

»Das Taxi kommt gleich, du kannst ja schon mal den Koffer runtertragen«, sagte sie, und ich trat vor das Gepäck, bereit, meinem jugendlichen Rücken schlimme Dinge anzutun. Reiselektüre, Miederwaren, ein paar Packungen vom guten Onko-Kaffee, vielleicht ihre Lieblingssteine aus dem Garten, ich wollte gar nicht wissen, was sich in dem ledernen Ungetüm befand. Omma würde für drei Wochen weg sein, und ich mochte mir nicht vorstellen, was sie ihrer Meinung nach in dieser langen Zeit alles un-be-dingt brauchen würde. Ich stellte mich breitbeinig hin, fasste mit beiden Händen den Griff, atmete tief ein und riss mit aller Kraft an dem Gepäckgodzilla.

Und flog hintenrüber und fiel auf den Arsch.

Der Koffer war leer, zumindest wog er so gut wie nichts.

Ich saß mit brennendem Hintern auf dem Boden, während Omma Tot mit Unschuldsmiene auf mich herabsah: »Hoppla, das hätte ich dir vielleicht sagen soll, dass der Koffer nicht so viel wiegt. Da sind nur Kondome drin.«

»Was bitte?«

»Na, Kondome. Pariser. Lümmeltüten. Präservative. Man weiß doch nie, was so alles passiert auf Kur und mit wem, da sind viele Alleinstehende und Witwer.« Und dann sah mich meine Großmutter mit unschuldigem Blick an und erklärte mir, wie leicht man sich da was holen könne, Syphilis, Blasenentzündung oder einen fiesen Scheidenpilz, da müsse man schon vorsichtig sein. Ich guckte Omma Tot an, sah ihre Falten, die hängenden Fleischschürzen ihrer Armhaut, ich roch ihren Ommageruch, dann legte jemand einen Film in meinem Kopfkino ein, gegen den *Two Girls, One Cup* wirkte wie eine zensierte Version von *Bambi*, in der die Mutter des debilen Rehs nicht stirbt. Wenn jemand dumm guckt, heißt es ja, er guckt wie ein Auto. Ich guckte wie ein rostiger Opel Corsa, der gerade von der Einführung der Abwrackprämie gehört hat, und schrie: »Aaaaaaaaaaaaaaaaaaaaaaaaaaaaaahhhhhh ...«

Kein besonders beeindruckender Schrei, zugegeben, mehr so der Schlachtruf einer greisen Waldameise, aber für mehr fehlte mir die Kraft.

Dann lachte Omma Tot lauthals los und sagte: »Verarscht!« Sie gackerte, und ich befürchtete schon, sie würde gleich nach Luft ringend umkippen, und ich müsste dann Wiederbelebung machen, so richtig mit auf dem Brustkorb rumdrücken, meinen Mund auf ihren pressen und in sie reinatmen und im Tausch einen Schwung Rentneratem retour bekommen. Ich wollte mir das nicht vorstellen müssen.

Glücklicherweise kriegte sich Omma Tot wieder ein.

»Sehr witzig«, sagte ich, und sie meinte, ein bisschen Spaß müsse sein, ihr richtiges Gepäck sei im Schlafzimmer. Als ich dort eintrat, wusste ich, was sie als »richtiges Gepäck« klassifizierte. In Rotterdam würde man vielleicht von Überseecontainern sprechen, und in den USA könnte man es im Hoover-Staudamm verbauen, hier bei Omma hieß es einfach »Koffer«. Genauso gut könnte man die chinesische Große Mauer auch einfach als »Zaun« bezeichnen. Ich zerrte, schob und schleppte, und als das Taxi endlich da war, dachte der Kutscher mit Nebenfach BWL natürlich nicht im Traum daran, mir zur Hand zu gehen. Während wir zum Bahnhof fuhren und ich auf der Rückbank vor mich hin starb und überlegte, ob sich Bandscheiben irgendwie regenerieren können, blubbte Omma den Taxifahrer damit zu, wie schön erholsam die nächsten Wochen doch werden würden, und der sagt die Sachen, die Taxifahrer dann so sagen: »Ja, ja«, oder »Das Wetter soll da ja ganz schön sein«, oder »Scheiß Trabbifahrer, grüner wird's nicht!«

Am Bahnhof standen die Kofferkulis, die einem den Transport des Gepäcks zum Zug erleichtern sollten, einzig und ausschließlich auf dem Bahnsteig. Einen Aufzug gab es nicht, genauso wenig wie Rolltreppen. Man musste also die Koffer über den Parkplatz, durch die Bahnhofshalle, die Treppen der Unterführung runter- und rauftragen und könnte sie dann auf den Kuli stellen, um sie die ganzen 1,20 Meter zur Bahnsteigkante bequem zu schieben. Danke, ich verzichtete.

Als ich die Koffer endlich ins Gepäcknetz gewuchtet hatte, war ich der festen Überzeugung, einen evolutionären Schritt zurück oder zumindest seitwärts hin zum Wirbellosen getan zu haben.

Der Zug war recht voll, aber Omma Tot war ja nicht von gestern und hatte in weiser Voraussicht einen Platz reserviert. Ja, Omma dachte halt mit.

Leider dachten auch andere Reisende mit. Zum Beispiel die Betreuer einer Gruppe Acht- bis Zwölfjähriger, die es für eine Spitzenidee gehalten hatten, ihre hyperaktiven zukünftigen Sozialfälle in einem engen Abteil quer durch Deutschland zu kutschieren, um mit ihnen auf einer Bergwiese Knetfiguren zu formen und über böse Träume zu sprechen. Währenddessen fragte mich Omma über mein Sexleben aus, das sich mit meinen siebzehn Lenzen leider noch eher unspektakulär gestaltete, was sie als Aufforderung ansah, mich über ihre wilden Zeiten aufzuklären, man hätte damals ja auch schon »ficken« und »vögeln« gesagt. Da müsste ich mich gar nicht für schämen. Dann hielt sie mir einen Vortrag über Verhütungsmethoden, den sie mit einer Bildhaftigkeit ausstattete, vor allem bei den Kapiteln »Spirale« und »Diaphragma«, die die Schwererziehbaren vor, hinter und neben uns verstummen und atemlos lauschend rote Ohren bekommen ließ. Hätte Hieronymus Bosch in diesem Jahrhundert gelebt und sich statt für die Malerei für die Filmkunst entschieden, er hätte hier in diesem Abteil gesessen und einfach nur die nächsten fünf Stunden draufgehalten. Da war es fast schon eine Erlösung, mitten im Nirgendwo Ommas Hinkelsteine wieder aus dem Zug zu wuchten.

Ich lieferte Omma in der Kurklinik ab, die auch als zu groß geratene Aussegnungshalle eine gute Figur gemacht hätte, dann ging ich in die zutiefst deprimierende Kantine, die wie eine düstere und zu niedrig geratene Turnhalle wirkte und leise von einem unsichtbaren Radio mit deprimierenden Schlagern beschallt wurde, und stopfte mir ein noch deprimierenderes, labberiges Brötchen rein, das mit halb ranziger Butter bestrichen war und belegt mit einer Wurstscheibe, die geruchlich absolut keinen Zweifel daran ließ, dass sie aus totem Tier bestand. Dann wurde kurz Abschied geknuddelt, und ich machte mich wieder auf den Weg nach Hause. Noch mal fünf Stunden Zugfahrt. Wenigstens war es noch drei Wochen hin, bis ich den Höllentrip würde wiederholen müssen.

Es ist erstaunlich, wie schnell einundzwanzig Tage ins Land ziehen können. Meine Wirbelsäule war gerade erst wieder zu gebrauchen, da saß ich erneut im Zug. Diesmal teilte ich mein

Abteil zwar nicht mit sozial inkompatiblem Nachwuchsgesocks, aber so was Änlichem. Fußballfans im Siegestaumel und Bundeswehrsoldaten, die sich anscheinend auf dem Weg nach Stalingrad verfahren hatten. Zumindest deuteten ihre semi-faschistoiden Gespräche darauf hin, dass der Endsieg noch vor der Jahrtausendwende zu erwarten war. Irgendwann verbündeten sich die Helden der Bundeswehrmacht mit den Fußballfans und stimmten gemeinsam Heimatlieder an, zum Beispiel »Wir sitzen im Zug nach Auschwitz«. Auch wenn es meinen eigenen Tod bedeutet hätte: Wäre dieser Zug in diesem Augenblick entgleist und von einem Brückenpfeiler in kleine Fetzen gerissen worden, ich hätte mein Schicksal nicht beklagt.

Am Ziel angekommen, stand Omma Tot und ihr Frachtgut aus der Hölle schon auf dem Bahnsteig bereit, neben ihr ein mir nicht bekannter, etwas abwesend wirkender End-Hundertsiebziger, mit dem Omma Händchen hielt. Sie stellte ihn mir als ihren Kurschatten Heinz-Eckhard vor, wobei sie mir verschwörerisch-anzüglich zuzwinkerte. Ich gab ihm die Hand und nannte ihm meinen Namen, aber Omma winkte ab: »Heinz hat Alzheimer, der vergisst das sowieso wieder. Meinen Namen kann er sich auch nicht merken. Aber Hauptsache, der Rest funktioniert noch, nicht wahr, Heinz?«

Dabei guckte sie ihren Vorkriegshengst lüstern an, und es fehlte eigentlich nur, dass sie ihm beherzt in den Schritt griff. Er nickte und lächelte und fragte sich vermutlich gerade, wie Omma hieß oder was diese notgeile Rentnerin eigentlich wollte.

Wir stiegen in den Zug, ich verstaute schnaufend das Gepäck der beiden, und wir setzten uns in eine Vierergruppe.

Kaum saßen sie mir gegenüber, fingen die beiden an herumzuknutschen wie hormongedünstete Teenager. Es konnte aber auch sein, dass sie nur eine Varieténummer übten, bei der sie ihre dritten Zähne tauschten, ohne die Hände zu benutzen.

Es war ein furchtbares, feuchtes Bild. Ich setzte Kopfhörer auf und schob die mit »*Rage Against the Machine*« beschriftete Kassette in meinen Walkman. Vielleicht wäre es erträglicher, wenn wenigstens gute Musik lief.

Ich irrte mich.

Ich saß in einem schweineheißen Zug, hatte fünf endlose Stunden Fahrt hinter mir und fünf vor mir, vor meiner Nase ließ sich meine Omma von einem mir fremden Mann in den Mund sabbern, und ich musste feststellen, dass mein Schwester mein Tape überspielt hatte. Mit *Kuschelrock 9*.

Und während *Take That* ihren schmalzigen Soundtrack über den Geriatriesoftporno legten, der sich mir live darbot, dachte ich darüber nach, wie wenig sich die Menschen doch um das Geschehen in ihrem direkten Umfeld kümmern. Zum Beispiel bekam niemand in dem voll besetzten Zug mit, dass ich gute viereinhalb Stunden hemmungslos schluchzte.

OPA UND DER EWIGE KRIEG

Wir sitzen beim Essen, meine Eltern, meine Schwester, mein Opa und ich. Es klingt für einen Siebzehnjährigen vielleicht etwas verspießt und altbacken, aber ich mag es, mit meiner Familie sonntags zusammen zu essen. Die vier Menschen, die mir sonst den Rest der Woche von allen am meisten auf den Keks gehen, sind mir an diesem Untag die liebste Mampfgesellschaft. Mama sagt immer, wir müssten diese Gewohnheit pflegen, auch um uns mal in aller Ruhe auszutauschen über alles, was uns die Woche über beschäftigt hat. Das sonntägliche Mittagessen ist unser familiäres Thing, unsere Konferenz, unsere Therapiestunde. Folgerichtig sagt keiner auch nur ein Wort. Es wird geschlürft, gekaut und gemampft, ansonsten lassen mich die Menschen, deren liebstes Hobby sonst zu sein scheint, mich zu ermahnen, zu beschimpfen, zu hänseln oder zu unangenehmen Aufgaben zu verdonnern, in Ruhe. Nur zum Ende hin murmelt mein Vater ein mehr oder weniger ernst gemeintes Lob, meine Schwester und ich sagen brav, dass es lecker war, und wir richten uns allesamt darauf ein, uns vor unsere diversen Bildschirme zu verziehen.

Mein Opa pflegt dann gerne zu sagen: »FLIEGERALARM!« Dabei springt er halb auf, wirft sein Glas um und spuckt Speichel und Essensreste über den Tisch. Man muss dazu sagen, dass Opa seit Jahren schon ein bisschen tüddelig im Kopf ist und sein Gehirn immer mal wieder zwischen dem Hier und Heute und einem Berliner Luftschutzbunker 1944 ohne Vorwarnung hin und her switcht, was ihn veranlasst, lautstark und an den unpassendsten Stellen den Krieg auszurufen. Mama pickt hinterher die Reiskörner auf, die Opa bei seiner Spontanäußerung über die komplette Tafel gesprüht hat, und redet auf ihn ein, er könne beruhigt sein, es wäre ganz bestimmt kein Fliegeralarm, er könne sich das Gebiss wieder in den Mund zurückschieben und seinen Nachtisch essen.

Als Kind fand ich, dass mein Opa trotz oder gerade wegen seiner WK-II-Macke der lustigste Mensch auf der Welt war, wenn nicht sogar in ganz Deutschland. Ich konnte mich schier in die Bewusstlosigkeit lachen, wenn er schrie: »DER RUSSE! DER RUSSE KOMMT!«, und mich dann zu Boden riss und mit mir unter den atombombensicheren Wohnzimmertisch robbte, dessen achtzigerjahretypische Fliesentischplatte zwar abartig hässlich, aber in der Überzeugung meines Großvaters völlig strahlensicher war. Ich fand das besser und lustiger als Durchkitzeln, und einmal schaffte ich es tatsächlich, so lange zu lachen, bis mir die Luft wegblieb und ich in ein zweiminütiges bonbonbuntes Kinderkoma fiel. Als Sechsjähriger kannte ich die Hintergründe dieser Anfälle des alten Mannes nun mal nicht, und selbst wenn, wäre es mir womöglich schnuppe gewesen. Sonst hätte es mir wahrscheinlich doch zu denken gegeben, wenn mir Opa ins Ohr brüllte, er würde nicht zulassen, dass mich der Russe vergewaltigt, lieber würde er mich erschießen. Erschießen fand ich super, das machten die Cowboys im Fernsehen ja auch ständig. Und Mama hatte mir erzählt, dass die ja gar nicht in echt tot waren, sondern nur so taten als ob. Also konnte das mit dem Erschießen nicht so wild sein. Was wieder einmal beweist, dass man als Kind keinem Erwachsenen trauen sollte.

Später wurde es dann doch etwas lästig. Wenn man sich für die Schule fertig gemacht hatte und dann beim Verlassen des Elternhauses nur noch hörte: »SPLITTERBOMBE!«, und im nächsten Moment von hinten getackelt wurde, dann war es nicht besonders lustig, verschrammt, mit zerrissenen Klamotten und viel zu spät zur entscheidenden Matheklausur aufzutauchen. Da zog nicht mal die Entschuldigung, dass man sich ja noch um den Großvater kümmern musste, der sich gerade die Hüfte gebrochen hatte.

Manchmal konnte ich auch dazulernen. Dass man die Badezimmertür immer abschließen sollte, wurde mir klar, als ich gemütlich in der Badewanne lag, den neuesten Schmöker von Stephen King vor der Nase, Gummibärchen und Cola auf dem Beistelltisch, und aus dem Kassettenradio *Nirvana* dröhnte. Plötzlich riss Opa die Tür auf, kam mit den Worten »DIE SCHWEINE HABEN NAPALM!« ins Badezimmer gestürmt und hechtete zu mir in die Badewanne. Meine Laune, mein Buch und mein Ghettoblaster waren im Eimer, und auch Opas Hüfte hatte sich mal wieder verabschiedet. Er war trotzdem recht happy, als ich ihn im Krankenhaus besuchte, schließlich hatte ihn seiner Meinung nach der geistesgegenwärtige Sprung ins Wasser vor dem grausamen Flammentod gerettet, dagegen war ein angebrochener Knochen ein Spaziergang. »Mir geht's gut«, sagte er zu mir. »Da hab ich an der Ostfront ganz andere Sachen erlebt.«

Zumindest meinem latent faschistoiden Onkel imponieren solche Sprüche.

»Der Opa«, sagt Onkel Tom immer nach den Ausrastern des alten Herrn, »der Opa, das is'n Held, ein echter Held.«

Was nur beweist, dass er ziemlich dämlich ist. Oder er will mich verarschen, denn noch etwas lerne ich durch Opas Ausraster: Ich bin eine unglaubliche Niete in Mathe.

Wie es in der Schule so üblich ist, behandeln wir schon seit gefühlten drei Jahren in Geschichte das Thema »Zweiter Weltkrieg und Drittes Reich«. Selbst unser Lehrer merkt langsam, dass uns das inzwischen tierisch auf den Keks geht, also versucht er, unser Interesse zu wecken, indem er das dunkelbraune Kapitel deutscher Geschichte auf eine persönlichere Ebene zieht. Wir sollen für ein Referat überlebende Mitglieder unserer Familien nach ihren Erinnerungen zu der Zeit befragen. Meine beiden Ommas stehen nicht zur Verfügung, das Gehirn der einen hat fast die Konsistenz des Vanillepuddings, den sie im Altersheim zum Nachtisch bekommt, Omma Tot hingegen lässt sich ihren schrumpeligen Leib an einem französischen FKK-Strand von der Sonne rösten, um tendenznekrophile Sunnyboys flachzulegen. Also frage ich meinen Dad, ob ich seinen Dad ausquetschen kann, ohne gleich wieder einen Anfall auszulösen.

Mein Vater hört sich mein Anliegen an und runzelt die Stirn. »Und was meinst du, inwiefern dir Opa da behilflich sein kann?«

Ich bin verwirrt. »Na, er schreit doch immer ›Fliegeralarm‹ und so'n Scheiß und erzählt, wie hart es an der Ostfront war«, sage ich, und Vater fängt schallend an zu lachen.

»Ach, Quatsch! Der war überhaupt nicht an der Front. Denk doch mal nach, wie alt Opa ist. Der ist Jahrgang 1936. Und die Kriegsjahre über haben ihn deine Urgroßeltern in ein Internat in der Schweiz verfrachtet. Der war noch nicht mal bei der Bundeswehr.«

»Ja, aber ... Fliegeralarm ...«, stammele ich. Ich bin weniger erstaunt als vielmehr peinlich berührt, dass ich da noch nie selber drauf gekommen bin, drei Jahre langweiligen Geschichtsunterricht und mein Wissen um Opas Alter hin oder her. Vater findet das anscheinend ganz witzig. Er kann sich kaum wieder einkriegen.

»Ach, der hat nur einen Schaden, weil ihm auf dem Bau mal ein Balken auf den Kopf gefallen ist. Das mit der Kriegsmacke hat er aus dem Fernsehen. Der hat quasi nur noch vor der Glotze gesessen und Kriegsfilme geguckt, nachdem sie ihn wegen seines Dachschadens in Frührente geschickt hatten.«

In diesem Moment rauscht Opa an uns vorbei, er trägt nichts außer Socken und einer Gasmaske, sein runzeliger Altmännerpenis schlackert durch die Gegend, ein Bild, das mich vermutlich noch Wochen im Schlaf verfolgen wird, und dumpf hört man ihn durch die Maske schreien, dass grad irgendwer im Wohnzimmer einen Senfgasanschlag ausführt, und ich denke: Verdammt, Mama hat recht:

Fernsehen macht wirklich blöd.

Am nächsten Tag marschiere ich mit meinem TV-Gerät zum Flohmarkt. Verkauft kriege ich den Apparat nicht, aber ich kann ihn gegen einen Karton »Lustige Taschenbücher« eintauschen. Ein guter Handel, finde ich.

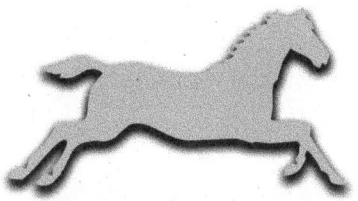

Pärchenscheiße
über das
Ver- und Entlieben
und das ganze
Kriegsgebiet
dazwischen

I BET YOU LOOK GOOD ON THE DANCEFLOOR

Ich kann meine Blicke gar nicht von dir abwenden.

Du hast wunderschöne, halblange rote Haare, aber nicht naturrot, sondern gefärbt, worauf ich merkwürdigerweise total abfahre, obwohl ich von Künstlichkeit bei Frauen sonst herzlich wenig halte. Du hast einen sportlichen Körper fernab anorektischer Knochigkeit, der von Haut eingehüllt ist, die schimmert wie lebendig gewordener brauner Marmor. Zwei großräumige Tattoos auf deinen Oberarmen können diesen Schimmer nicht stören, denn sie sind sauber gestochen und von schlichter Eleganz. Dein Gesicht könnte das eines Models sein, wenn Models nicht so beschissen nichtssagend aussehen würden, und dein Hintern hätte eine eigene Kinoverfilmung verdient.* Dein Lächeln ist ein atomarer Erstschlag in das Machtzentrum meines Inneren, und deine Augen spiegeln eine gute und schöne Seele. Würden wir uns woanders begegnen, zum Beispiel im Café, würde ich dich vermutlich ansprechen, sobald ich meine Kinnlade wieder eingerastet habe, oder in der Einkaufsstraße würde ich dich ganz unverbindlich bespringen. Aber wir sind in der Disco, ich auf meinem Hocker am Rand der Tanzfläche, du darauf, und es läuft ein Song von den *Arctic Monkeys*, und, Gott, du siehst beim Tanzen scheiße aus. »I bet you look good on the dancefloor« am Arsch. Ich bezeichne es auch nur als Tanzen, weil Musik läuft und Lichter blinken, viele Leute viel trinken und ich nicht glaube, dass du bei einem epileptischen Anfall so entrückt lächeln würdest.

---

* Allerdings nicht im Breitwandformat.

Du zuckst und spackst und verweigerst dich jeglichem Rhythmusgefühl. Einen Moment überlege ich, ob sich vielleicht irgendwo ein Stromkabel von der Lichttraverse gelöst hat und dich mit flockigen 220 Volt in Veitstanzstimmung versetzt hat, aber du scheinst isoliert zu sein. In jeder Hinsicht, denn obwohl der Laden gerammelt voll ist, halten die anderen Tanzenden Abstand zu dir, selbst jene geil geifernden Kerle, die sich vorher mit Vehemenz und vollalkoholisiert an dich rangemacht haben. Sie nehmen Abstand und werfen hin und wieder verstohlen einen Blick zu dir rüber. Vermutlich befürchten sie, dass du anfangen könntest, in Zungen zu sprechen, grünen Schleim zu speien und deinen Kopf um 360 Grad zu drehen.

Es gibt vieles, was eine ansonsten schöne Frau unsexy werden lässt. Eine Wucherung in Form eines Ehemanns oder Kindes zum Beispiel. Oder eine entstellende Krankheit wie Lepra oder Undercut. Eine misslungene Schönheits-OP kann sich ebenfalls verheerend auswirken, wenn der misshandelnde Arzt vergessen hat, den Kopf wieder anzunähen. Auch nicht so anziehend finde ich Frauen, die einen Geburtsfehler aufweisen, zum Beispiel wenn sie ohne Gehirn zur Welt gekommen sind. Und wer glaubt, das sei medizinisch unmöglich, sollte sich vor Augen führen, dass es Frauen gibt, die Dieter Bohlen heiraten. Die falschen Klamotten können es auch versauen. Eine Burka zum Beispiel finde ich ein ziemlich scheußliches Kleidungsstück.

An und für sich kann ich über so manchen Mangel hinwegsehen. Meistens bemerkt man so was ja auch erst, wenn man sich schon etwas besser kennt und sich das erste Mal nackig sieht und geschlechtsverkehrt. So ein erstes Date kann schon mal ernüchternd sein. Aber soll einen eine kleine Narbe von der Blinddarm-OP ernsthaft abschrecken? Oder ein bisschen Cellulite? Der eintätowierte Name des Exfreundes auf der linken Arschbacke? Ein etwas überdimensioniertes Muttermal? Dass sie schnarcht? Oder ein leicht enervierendes Lachen hat? Oder einen Penis? Das sind Kleinigkeiten, da sollte man drüber hinwegsehen. Niemand ist perfekt. Um das zu wissen, brauche ich keinen Ankreuztest in der GQ oder einen Artikel in der Neon. Da reicht mir ein Blick in den Spiegel. Vorzugsweise morgens.

Die *Arctic Monkeys* kommen zum Ende, und der DJ lässt die *Beatsteaks* von der Leine. Die Berliner verkünden, dass alles scheißegal ist, solange man singt. Recht haben sie. Ich sehe dich an und stecke mir die Finger in die Ohren. So fast ohne Musik sieht es aus, als würdest du zu einem zu schnell abgespielten Free-Jazz-Grindcore-Gabba-Remix des Songs tanzen. Scheiß drauf. Hauptsache, man singt. Blöde Menschen haben keine Lieder. Ich nehme mein Bier und gehe zu dir rüber.

»Hi!«, brülle ich gegen die Musik an.

»Hi«, gibst du zurück, lächelst und zuckst rum.

»Mädchen«, sage ich. »Du tanzt beschissen, aber du bist wunderschön.«

Du lächelst und zuckst. »Du hast einen Bierbauch«, sagst du. »Aber der Rest gefällt mir.«

Ich nicke. Du zuckst.

»Wollen wir tanzen?«, fragst du.

»Klar«, sage ich.

»Aus uns könnte was werden«, sagst du.

Ich nicke, und wir strahlen uns an.

Ich stehe da, ein Bier in der Hand, und schaukele ein bisschen mit meinem Bierbauch hin und her, eine Hand in der Hosentasche. Du zuckst und spackst mit deinem ganzen großartigen Körper herum, dein Taktgefühl an der Garderobe abgegeben. Wir werden ein tolles Pärchen, und wir sehen gemeinsam beim Tanzen scheiße aus, und die *Beatsteaks* singen: »... and I don't care as long as you sing and I don't care as long as we swing. So get up.«

AUF DER SUCHE
NACH MR. WRONG

»Du glaubst gar nicht, wie sehr ich die Schnauze voll davon habe, nach dem Richtigen zu suchen«, sagt Monika. Ich kann da nicht viel zu sagen. Bisher hatte ich sie für eine betont unabhängige Frau gehalten, die sich von den üblichen Zwängen des Verlieben-Verheiraten-Kinderkriegens nicht ins Bockshorn jagen ließ. Aber letzten Herbst ist sie vierunddreißig Jahre alt geworden, und da ist es über sie gekommen. Was vorher das nicht vorhandene Ticken einer digitalen biologischen Kinderarmbanduhr war, wurde quasi über Nacht zum nervenden Klingeln eines alten Metallweckers. »Oder mehr wie die Glocken einer Kirche, und ich meine damit einer richtigen Kirche, mindestens eines Doms«, sagt Monika.

Seither ist sie wieder auf der Jagd in den Clubs und Singlebars der Stadt und hat sich schon ein gutes halbes Dutzend Kerle an Land gezogen. Aber mit keinem hat sie es länger als ein paar Wochen ausgehalten. »Die waren alle so beschissen nett«, erzählt sie mir, und ich wundere mich, was daran so falsch ist. Irgendwie suchen wir doch alle was Nettes. Aber Monika meint nicht nett im Sinne von liebevoll und zuvorkommend, sondern nett im Sinne von »nah verwandt mit scheiße«. Typen, die alles tun, um nicht bei ihrer Freundin anzuecken, die immer klein beigeben, wenn es droht, stressig zu werden, die sich den Hodensack enthaaren und ihre Garderobe von Monika absegnen ließen, bevor sie auf die Straße gingen. Eine Weile mache das ja auch Spaß, sagt sie, aber es werde genauso schnell langweilig wie Popcornessen. Da kriege sie im Kino auch nie die ganze Tüte leer, und wenn sie den Rest mit nach Hause nehme, verwandele der sich sowieso nur in pappiges Verpackungsmaterial. Sie wolle aber kein pappiges Verpackungsmaterial auf sich liegen haben, das fragt, ob es denn alles richtig mache. »Was ist nur aus den Männern von heute geworden?«, fragt sie sich und mich, aber ich sag da nichts zu, weil ich ja auch ein Mann von heute bin und mich als Betroffener nicht dazu äußern möchte. Mutterfixierte Weicheier, die ihr hinterherräumen, die nicht nur freiwillig das Geschirr spülen, sondern nahezu zwanghaft. Die auf den Balkon gehen, wenn sie mal rauchen oder furzen müssen. Da könne man sich ja gleich einen Golden Retriever kaufen. Und auch wenn sie wisse, dass es wahrscheinlich keine gute Idee sei und vermutlich böse enden werde, sie wolle jetzt einen Straßenköter, eine räudige Töle, deren Stammbaum schon vom Neandertaler zu Brennholz verhackstückt wurde.

Nicht so einen wie Joschi, mit dem sie vor einem halben Jahr ausgegangen ist und der sie mitgenommen hat ins Disneymusical *Die Schöne und das Biest* und der bei der Szene, als sich das Biest in einen Prinzen verwandelt, ernsthaft angefangen hat zu heulen. Monika hat ihm dann geraten, es vielleicht doch eher mit einem knackigen, jungen Mann und nicht mit einem mittdreißiger Vollweib zu probieren, aber Joschi hat es nicht kapiert. »Homosexuelle, die sich selber für völlig hetero halten, sind echt die Pest«, sagt Monika.

Dann war da noch Erich, der sie mit Geschenken überschüttet hat und ihr beinahe täglich absurd große Blumensträuße mit nach Hause gebracht hat. Er war ein Sohn aus gutem Hause, der, wie schon die drei Generationen vor ihm, dick im Bankengeschäft war. Seine Familie war zwar nicht adelig, benahm sich aber, als wäre das nur eine noch zu erledigende Formalität. Erich war nicht nur bereit, mit Monika sein Leben zu verbringen, es wirkte, als hinge sein Leben davon ab. So verwunderte es auch nicht, dass er ihr schon nach fünf Wochen einen Verlobungsantrag machte und sie seiner Mutter vorstellte. Ihre Schwiegermutter in spe lächelte, und Monika konnte bei diesem Lächeln nur daran denken, dass sie schon ewig nicht mehr *Der Weiße Hai* geschaut hatte. Erichs Mutter führte sie durch das Haus, besser gesagt die Villa, besser gesagt die mordsmäßig große Villa, zeigte ihr die Küche und den beeindruckenden Vorrat an blitzenden Steakmessern und sagte dann, dass sie ihren Sohn sehr liebe und überall Kontakte hätte, auch in den Reihen ehemaliger Söldner aus dem Kosovo und Afghanistan, die ihr jederzeit bei der Beseitigung von Problemen behilflich wären, und was Monika glaube, welcher Dünger für den guten Wuchs der Baccara-Rosen im Garten der Villa verantwortlich wäre. Dann lächelte Erichs Mutter, und in Monikas Kopf kratzte jemand mit sehr langen Fingernägeln über eine sehr große Schultafel, und sie ließ sich zeigen, wo die Tür ist, und Erichs Mutter zeigte sie ihr gern.

Und dann hatte sie es noch mit der Variante des reiferen Mannes probiert, wobei Hans-Peter schon fast als vergoren zu bezeichnen war. Eine Weile genoss es Monika, mit jemandem zusammen zu sein, der gute Umgangsformen hatte, sie zuvorkommend behandelte und sich, wenn auch mit pharmazeutischer Rückendeckung, als erfahrener und rücksichtsvoller Liebhaber entpuppte. Es war auch ganz schön, nicht immer in die Clubs und Kneipen der Stadt zu ziehen, sondern mal ins Theater oder in ein Restaurant zu gehen. Nur dass Hans-Peter einen Hang zur Volksmusik hatte und Schwarze konsequent als »Neger« und Türken, Kurden und Griechen als »Schwattköppe« bezeichnete, kotzte sie an. Schließlich endete es, als Hans-Peter ihr eine Schuluniform schenkte und sie fragte, ob sie doch bitte so tun könne, als wäre er der Schuldirektor und sie sehr, sehr unartig gewesen und sehr, sehr, sehr minderjährig.

»Nette Typen sind Arschlöcher«, stellt Monika fest. »Da kann ich doch gleich ein Arschloch nehmen, das erspart Umwege.«

Also ging sie nur noch in Kneipen, die erst ab Mitternacht aufhaben und in denen die ganz Hoffnungslosen herumstreunen, sie ging zu Heimspielen ins Fußballstadion und auf Tuningtreffen der Autoschrauberszene. Sie hörte laut sexistischen Hip-Hop im Auto und ließ sich auf Parteikundgebungen der CDU sehen und auf Konzerten von *Scooter* und Wolfgang Petry, also überall dort, wo es wehtut, wo die Arschgeigen den Ton angeben.

So hat sie Rüdiger kennengelernt. Sie sind jetzt schon zwei Monate zusammen, und im Prinzip wohnt er bei ihr. Er trägt Schnurrbart, hat vorne kurze, hinten lange und überall fettige Haare, und seine Anwesenheit macht sich sowohl durch seine polterige Art als auch durch seinen kernigen Körpergeruch bemerkbar.

Er wische nicht, lungere nur zu Hause herum, wenn er nicht gerade mit seinen blöden Kumpels durch die Kneipen ziehe, lasse überall seine Unterhosen rumliegen, die mehr Bremsspuren aufwiesen als die A2, er pinkele die Klobrille voll, und nach dem Sex schlafe er sofort ein, manchmal sogar währenddessen. »Keine Ahnung, warum ich den Penner mit durchfüttere, lange mach ich das nicht mehr mit, so ein Arsch«, sagt Monika. Zornig zieht sie dann an ihrer Zigarette und bläst den Rauch durch die Nase aus wie ein wütender Stier. Aber im Großen und Ganzen wirkt sie dabei recht zufrieden.

SCHON SCHÖN

Schön, dass ihr da seid.

Und dass ihr mir zuhört, ist auch schön. Finde ich zumindest, aber so was ist ja immer ziemlich subjektiv, was einer schön findet oder nicht, denn bekanntermaßen liegt die Schönheit im Auge des Betrachters. Und wo wir schon bei Augen sind, darum soll es mir heute gehen. Ich habe einen Fetisch, für den ich immer mal gerne schön blöd angeguckt werde, obwohl doch heutzutage in unserer Gesellschaft angeblich alles so akzeptiert wird. Wenn der Herr Bankdirektor sich abends gegen Bezahlung vertrimmen und/oder anpullern lässt oder auch selber pullert oder der sich dabei nicht mal dämlich vorkommenden Dame beim Pullern zuguckt, dann sagen die Leute: »Na schön, ich würd's ja nicht machen, aber das ist halt das Los der Manager, immer den ganzen Tag den Chef spielen zu müssen, da lässt man abends gerne mal ein bisschen Druck ab, das ist halt ein Ausgleich. Gönnen wir ihm die kleine Pullerei.« Es gibt Foren für Leute, die Regenmäntel völlig dufte finden, ob mit oder ohne Inhalt, und selbst wenn man gerne Auberginen poppt, wird das toleriert, auch wenn Essenseinladungen immer seltener angenommen werden und sich das soziale Umfeld etwas ausdünnt.

All das findet man heutzutage nicht mehr besonders spektakulär, aber ich ernte nur Kopfschütteln, wenn ich von meinem Schönheitsideal spreche. Ich stehe auf Brillen.

Brillen sind schön, Frauen mit Brille sind schön, schöne Frauen mit Brille machen mich ganz wuschig, mehr noch als supermegaaffentittenschöne Frauen mit nackigen Gesichtszügen, und was ich so gar nicht verstehe, das sind schöne Frauen mit Kontaktlinsen. Das ist doch Beschiss, ist das doch, und überhaupt nicht schön, da willst du kuscheln und knutschen und amtlichen GV, und dann sagt die Alte: »Momentchen noch, ich muss kurz noch die Kontaktlinsen rausnehmen«, rennt ins Bad und lässt einen da liegen wie bei Quelle bestellt und reklamiert, oder sie puhlt sich gleich vor Ort in den Augen rum. Das ist doch nicht schön, wenn die da bis zu den Ellbogen in ihrer eigenen Rübe steckt. Das geht so ähnlich natürlich auch bei einer schönen Frau mit schöner Brille, das will ich gar nicht verschweigen, wir sind da nämlich so richtig schön am Rummachen, und ich hab meine Hände schon überall, nur nicht bei mir, da sagt sie: »Du, warte mal, ich muss noch meine schöne Brille abnehmen«, und ich hauche ihr ins Ohr: »NEIN! Musst du nicht!« Und wenn sie dann ihre schöne Brille aufbehält, denke ich: Schön! Auch wenn sie mich ein bisserl schräg anguckt und vermutlich denkt: »Irgendwie scheint er ja schwer einen an der Pfanne zu haben, aber wenn ich schon mal nackig bin ... Außerdem fährt ja nur noch der Nachtbus, der kost' extra, und zu Hause hab ich nix mehr zu essen. Auch wenn der Typ nicht ganz koscher ist, bei dem gibt es wenigstens Frühstück, das weiß ich, da bleib ich mal schön hier liegen und tu so, als ob ...« – Na ja, aber selbst dieser Blick kommt durch die Gläser einer schönen Brille bei mir an, da machen wir dann einfach weiter und stöhnen und schwitzen ganz schön, ist ja ganz schön warm, Heizung ist an, aber volles Rohr und das im Sommer, ich gucke sie an und denke: »Boah! Ist die schön.« Die Brille. Die Frau aber auch. Ich liege mit ihr im Bett, und wir machen Sachen und haben überhaupt gar keine Sachen an, und ich glaub, ich krieg gleich 'nen Steifen, und ich merke, hab ich doch schon. Geil, das ist schön praktisch, da muss ich mich ja gar nicht großartig anstrengen.

Schöne Frauen mit Brille sind echt was Schönes.

Also, ihr wunderbaren Kurz- und Weitsichtigen, die ihr den Erwerb von Kontaktlinsensuppe erwägt oder schon getätigt habt oder sogar eine ganz schön teure lichtschwertmäßige Laseroperation, ich sage euch: Lasst den Quatsch, so steht es in meinen zehn Geboten im Buch Micha 1, Kapitel 1, Vers 1. Denn es ist ein unwürdiges Schauspiel, wenn man Böcke hat, und es läuft Miles Davis, und die Stinkekerzen mit Opiumgeruch, der überhaupt nicht knallt, brennen, und ihr patscht an euren Augäpfeln rum, dann kommt das alberne Rumgerödel mit den kleinen Plastikdöschen, und ihr versprüht euren Charme in Form von Reinigungsflüssigkeit auf dem gerade erst gekauften, fleckenempfindlichen, sündhaft billigen Ikea-Teppich, oder es kommt der noch deutlich unschönere Satz: »Hoppla. Kannst du mal das Licht heller machen, ich hab meine Linse hier irgendwo verloren«, und ihr krabbelt auf dem Boden rum, und ich lieg da und ärgere mich schön und blau, dass ich die Schnalle abgefüllt hab, um sie mit nach Hause nehmen zu können. Die ganze Romantik ist am Arsch, und ich sag: »Ach weißte, eigentlich habe ich gar keinen Bock mehr, geh doch einfach nach Hause.« Und sie sagt: »Ich bin zu Hause.« Und ich denke: »Mist.«

Schöne Scheiße. Wieso ist mir das nicht aufgefallen? – Ich glaub, ich brauch 'ne Brille.

OCCUPY ZUGABTEIL

Wenn ein Pärchen beim Verhüten nicht aufgepasst hat und sich aus Versehen oder mutwillig und aus reiner Bosheit der Restgesellschaft gegenüber fortgepflanzt hat, spricht man von Familienzuwachs.

»Familienzuwachs« bezeichnet eigentlich nur die zahlenmäßige Vermehrung der privatwirtschaftlichen Kleinstgemeinschaft, im realen Leben ist sie aber anscheinend gleichzusetzen mit der exponentiellen Ausbreitung im Raum, bevorzugt im Lebensraum der Mitmenschen.

Vor allem im leider öffentlichen Personennahverkehr legen Neufamilien ein Expansionsbedürfnis an den Tag, das Hitlers Ausbreitungssucht nach Osten wie ein zartes Rempeln Richtung Stalingrad aussehen lässt. Sobald die 2,3 Menschen den Waggon betreten, gehört selbiger ihnen. Mit dem Auspressen der Leibesfrucht hat Mama anscheinend sämtliches Koordinationsvermögen verloren, vermutlich anhängig an der Plazenta. Selbst mit dem schmalsten Trolley der Welt rumpelt die Ein-Frau-Sturmtruppe durch die Gänge, als ginge es darum, ein Stockcar-Rennen zu gewinnen. Erstaunlicherweise ist das nicht erklärbar damit, dass sie ja auch noch das Baby tragen muss, denn das hat Häuptling Rotkopf, auch bekannt als Papa, auf dem einen Arm. Mit dem anderen versucht er, eine völlig überdimensionierte Kleinkindbedarfstasche durch den Gang zu bugsieren, was ihm dadurch gelingt, dass er sie einfach an den Köpfen der Mitreisenden abprallen lässt.

Zielsicher streben sie eine freie Vierersitzgruppe mit Tisch an. Aber wer glaubt, damit würde sich die Addams Family zufriedengeben, irrt. Auch die gegenüberliegende Sitzgruppe wird beansprucht und erst mal markiert, indem man graue Kapuzenpullis, die mit Babykotze, und was sonst noch alles aus so einem Kleinstkörper tropft und trieft, getränkt sind, über die Kopfteile der Plätze wirft, und zwar so, dass auch die dahinter Sitzenden mitbekommen, dass hier Eltern mit Kind in da house sind. Reserviert hat die Familie natürlich nicht. Die über den Plätzen angezeigten Ortsnamen werden als so eine Art digitales Stadt-Land-Fluss hingenommen. Sollte man sich tatsächlich erdreisten, auf seine Reservierung zu bestehen, wird man von der Leitwölfin mit lautstarker Verachtung und Tränen zur Sau gemacht, bis man lieber klein beigibt, weil man nicht vor dem gesamten Zug als Reservierungsfaschist dastehen will, und faltet sich für die sechsstündige Fahrt lieber mit seinem Gepäck auf dem Boden des Durchgangs direkt vor dem Klo zusammen.

Hauptsache, die jungen Eltern sind zufrieden. Sind sie aber nicht, das wäre gegen ihre Natur. Die nächste halbe Stunde nimmt man unter lautem Hin und Her die Plätze ein. Mama will nicht gegen die Fahrtrichtung sitzen, Papa sucht seine Bild-Zeitung, Baby Herrmann kriegt auf der Gangseite automatisch das Kotzen, Muttern hat Hunger, Vater wemmst mit dem Babysurvivalkit das Reisegepäck sämtlicher Mitreisender aus dem Gepäcknetz, nach der ersten Kurve müssen die Plätze getauscht werden, weil Mami jetzt in der Sonne sitzt, davon kriegt sie Migräne, also wird wieder Gepäck gewälzt, irgendwo müssen die Aspirin doch sein. Zur Entspannung wird zunächst mal der Sitz nach hinten gekippt, natürlich ohne vorher dem Hintermann Bescheid zu sagen, schließlich hat man ein Kind, damit steht man über sämtlichen Konventionen von Höflichkeit und sozialem Verhalten, und der Blödmann ist schließlich selber schuld, wenn er seinen kochend heißen Kaffee auf dem Sitztischchen abstellt. Endlich hat sich das Trio infernale eingerichtet, und das Gerumpel erstirbt. Folgerichtig fängt jetzt das Baby zu schreien an, und zwar in einer Art und Tonlage, die man sich perfekt bei Leuten wie Joseph Goebbels, Alice Schwarzer oder Osama bin Laden im Alter von drei Monaten vorstellen kann: nervig, ekelhaft und sämtliche Mitmenschen verachtend. Man fragt sich, ob sich da eine Reihe weiter nicht gerade ein zukünftiger Diktator einnässt und man wirklich untätig bleiben sollte.

Hat sich der Schreihals eingekriegt, kackt er sich erst mal ein. Und da ist Mutti ganz die Moderne, Windeln werden am Platz gewechselt, da kann und will man keine falsche Scham aufkommen lassen. Ist doch alles ganz natürlich. Papa ist gerade intensiv mit der Lektüre der blödesten Zeitung Deutschlands beschäftigt, also drückt Mama dem nächstbesten Mitreisenden die randvolle und nicht ganz dicht abschließende Windel in die Hände oder den Schoß, ob man die nicht mal eben im Vorraum wegwerfen könne.

Danach ist Lunchtime, und unter lautem Geraschel werden die Aluminiumressourcen eines kleinen Dritte-Welt-Staates auseinandergepult. Anscheinend hat sich die Familie zur Feier des Nachwuchses die Geschmacksnerven veröden lassen, seither muss die Nase das kompensieren. Jedenfalls holen die Eltern aus ihrem Lunchpaket das stinkendste Essen, das Menschen auftreiben können, ohne gleich den Bodensatz aus einem Müllcontainer zu kratzen. Der Gestank verbindet sich aufs Vortrefflichste mit dem Odeur der Babykacke. Die ersten Mitreisenden verlieren langsam das Bewusstsein, manch einer packt seine Sachen und steigt lieber dreihundert Kilometer zu früh aus.

Nach dem Essen schreit das Baby zur Abwechslung erst mal wieder ein bisschen, und Paps trägt es durch den Gang hin und her, damit auch alle was davon haben. Als es sich beruhigt hat, wird der Kleine zwischen Mutter und Vater im Minutentakt über den Gang hin und her gereicht, und wer gerade kein Kind im Arm hat, steht auf, steht rum, guckt dumm, ob auch alle mitkriegen, dass man sich fortgepflanzt hat, setzt sich wieder, steht auf, latscht unmotiviert hin und her, setzt sich, steht auf und wirkt dadurch irgendwie wie eine lebende Reklame für Hämorrhoidensalbe. Und auch wenn alle anderen genervt sind, bekommt das Kleinkind allmählich richtig gute Laune, die sich darin äußert, dass es laut schreit. Mit fortschreitender Reise wird es aber müde und beruhigt sich, was die Eltern zum Anlass nehmen, sich zunehmend patziger zu unterhalten, bis sie sich hemmungslos und lautstark streiten und den kompletten Waggon in ein Stummfilmensemble der Fremdscham verwandeln. Glücklicherweise hören die beiden irgendwann auf, weil das Baby wieder zu weinen anfängt.

Steigerungsfähig ist das Elend eigentlich nur noch, wenn sich Mom und Dad schon früher Nachwuchs zugelegt haben und nun ein zu Tode gelangweilter Kindergartenrocker das Abteil in seinen persönlichen Abenteuerspielplatz verwandelt. Lieblingsablenkung ist meist, sich im Gang auf die Sitzlehnen zu stützen und dann energisch mit den Beinen hin und her zu schaukeln, ohne Rücksicht auf sich nähernde Altemenschenknie oder Geduldsfäden der Restwelt. Man kann sich darauf verlassen, dass irgendwann eins der Kinderärmchen nachgibt und der Miniaturmensch laut polternd Bekanntschaft mit der Härte des Lebens in Form des Fußbodens macht, natürlich ein willkommener Anlass, lauthals loszuheulen, was wiederum das kleinere Rudelgeschwister dazu animiert einzustimmen. Kinder sind dumm. Das merkt man schon alleine daran, dass sie irgendwann zu dummen Erwachsenen werden.

Ich bin genervt. Ich mache mich auf den Weg zum Speisewagen, nicht weil ich hungrig bin, sondern weil ich ein wenig Ruhe schmecken will. Im Gang komme ich am Kleinkindabteil vorbei.

Es ist völlig leer.

Ich begebe mich hinein, ziehe die Tür hinter mir zu, und das Babygeschrei wird leiser. Ich lasse mich nieder, strecke mich und schließe die Augen. Welch Ruhe, welch Wohltat!

MACH MIR DEN BLAUBART!

Pärchen haben die Neigung, anderen Mitmenschen, die sich auf Solopfaden durch die Ödnisse des Lebens bewegen, ziemlich auf die Nerven zu gehen. Sie belästigen einen mit ihrer ekelhaften Zufriedenheit, ihrer trauten Zweisamkeit und ihrem geradezu aufdringlich zur Schau getragenen Glück. Sie grinsen einen an, bis man glaubt, glänzende Zähne auf dem Hinterhirn kauen zu spüren, und wenn man sie doch mal alleine erwischt, haben sie nur ein Gesprächsthema drauf: ihr Partner und wie toll das doch alles ist.

Sie halten Händchen und schubsen Entgegenkommende vom Bürgersteig in den fließenden Straßenverkehr; dabei sagen die Unzertrennlichen so Sachen wie: »Lass du los!« – »Nein, du lässt los!« – »Nein, du!«, während man selbst versucht, nicht von einem zornig hupenden Kleinlaster zermanscht zu werden.

Oder sie besetzen das einzige verfügbare öffentliche Telefon; natürlich muss man es selbst ganz dringend benutzen, weil der Akku vom Taschentelefon alle oder das Guthaben aufgebraucht ist, aber die Schwerstverliebten brauchen Stunden, um all ihre Kosenamen und Liebesschwüre loszuwerden, und sagen dann so Sachen wie: »Du legst auf!« – »Nein, du.« – »Okay, zusammen auf drei: eins, zwei, drei ...« – »Aaah, du hast auch nicht aufgelegt, erwischt!«

Wenn man mit ihm allein auf Piste geht, hält er einem ständig das Smartphone unter die Nase und sagt so Sachen wie: »Guck mal, das ist sie beim Schlafen!«, oder »Guck mal, da waren wir auf Borkum«, oder »Guck mal, da war sie am Kacken, da war sie ein bisschen böse, dass ich sie geknipst hab. Aber sie sieht einfach so süß aus auf Klo!« Dann seufzen die Typen, was sie doch für ein Glück haben, und rufen erst mal Schatzi an, um ihr Kosenamen und Liebesschwüre in die Sprechmuschel zu schmachten, anschließend will wieder keiner zuerst auflegen.

Oder es passiert das exakte Gegenteil. Da wird man zugenölt, dass es doch alles nicht das Wahre ist, nur wegen irgendwelcher Kleinigkeiten, und der Single denkt nur: Halt die Fresse, du Arsch, du hast wenigstens jemanden, der auf dich wartet! Die Unzufriedenen, das sind die, die sogar noch deutlich mehr nerven als die Hyperglücklichen.

Ich sitze in der Bar, er mir gegenüber, und wir trinken Whisky.

Es ist nicht das erste Glas, und der fünfzehnjährige Schotte brennt geschmeidig in Kehle und Hirn. Wir sind ins Quatschen gekommen, und wie das so ist, wenn der Alkohol zu sprechen beginnt, dreht sich erst alles um Politik und wie wir, jetzt und hier in dieser ansonsten leeren Bar, die Probleme der Welt lösen können. Und dann sind wir auf Beziehungen gekommen.

»Ach, eigentlich bin ich schon zufrieden mit ihr«, sagt er. »Aber ...«

Ich sehe ihn an, doch er führt seinen Satz nicht fort. Promillebedingtes Eloquenzversacken.

»Aber was?«, hake ich nach.

»Ich weiß auch nicht«, sagt er. »Irgendwie ist es schon krass, wir sind jetzt vier Jahre zusammen. Es wird ernst, und ich frag mich, ob ich das will.«

»Dann musst du sie halt abschießen«, sage ich.

»Nein, Quatsch, ich lieb sie ja. Das ist nicht das Problem.«

»Was ist denn dann das Problem?«

Er zuckt mit den Schultern, dreht nachdenklich sein Glas auf dem polierten Holz der Bar. Wir schweigen während der Problemfindung. *Nick Cave and The Bad Seeds* verhindern dankenswerterweise die Entstehung peinlicher Stille.

Er atmet tief durch, dann sagt er: »Ich bin erst dreißig Jahre alt.«
»Na und?«, frage ich.

»Ich hab halt Schiss, was zu verpassen. Ich bin noch jung, da geht noch was.«

»Dir geht's also ums Rumvögeln? Dir reicht eine nicht?«

»Ja, nee, ... Ich weiß nicht. Rumvögeln ist es nicht, aber ich weiß nicht, ob ich mich jetzt schon auf eine fürs ganze Leben festlegen kann.«

»Da kann ich dir auch nicht weiterhelfen. Entweder oder. Wenn du nicht Schluss machen willst, musst du mit ihr glücklich werden.«

Er nimmt noch einen Schluck. Dann sagt er: »Oder ich könnte sie umbringen.«

Ich zucke zusammen und verschlucke mich. Hustend drehe ich mich zur Seite. Single Malt Scotch in der Nase fühlt sich eher mittelprächtig an. Tränen in den Augen, schaue ich ihn an und tippe mir an die Stirn. »Alles klar, du Honk? Freundin-Umbringen ist auch 'ne prima Lösung. Und wenn du dann die nächste satthast, machst du die dann auch kalt?«

Er kratzt sich nachdenklich am Ohr. »Ja, nee. Na ja ... Vielleicht so wie der Typ aus dem Märchen, mit dem Zimmer voller toter Ehefrauen.«

»Blaubart«, sage ich.

»Genau. Blaubart. Weißt du, ich will ja nicht Schluss mit ihr machen, das würde sie fertig machen und mich auch. Ich will sie nicht verlieren. Aber eine einzige Frau für den Rest meines Lebens, das ist schon hart ...«

Ich zeige ihm erneut einen Vogel, bald habe ich einen ganzen Schwarm beisammen. »Du spinnst.«

»War ja nur'n Gedanke«, sagt er, und dann zieht er an seinem Kinnbewuchs. »Meinst du, mir würde ein blauer Bart stehen?«

Ich schüttele den Kopf. »Die Visage hat noch keiner zusammengeschraubt, an der ein blauer Bart nicht scheiße aussieht«, sage ich.

Er nickt traurig.

»Weißt du«, sage ich, »mir gehen Leute wie du auf den Sack, die eine tolle Freundin haben und trotzdem nur rumjammern, weil sie vielleicht etwas verpassen könnten. Genieß es einfach, solange sie bei dir bleibt, und wenn es für den Rest deines Lebens ist, dann schätz dich lieber verdammt noch mal glücklich, so viel Schwein haben die wenigsten. Also hör auf mit dem Scheiß von wegen Blaubart und umbringen.«

»Aber ...«, sagt er.

»Nix aber«, sage ich. »Liebst du sie?«

»Ja, klar.«

»Gut. Dann kauf ihr lieber mal Blumen, statt hier so einen Mist zu erzählen.«

Er nickt. »Hast schon recht«, sagt er.

Es rumpelt, und aus der Klappe zum Kneipenkeller kommt Steve, der Barmann, hochgeklettert. Er hat neue Fässer angeschlossen.

Er sieht zu mir rüber. »Mit wem redest du da?«, fragt er.

Ich sehe Steve an, dann in den Spiegel über der Bar mir gegenüber. Mir würde wirklich kein blauer Bart stehen.

»Mit niemandem«, sage ich. »Hab nur laut gedacht.«

»Ach so«, sagt Steve. Er ist halt Barmann, da kennt man so was. Ich hebe mein leeres Glas. »Bringst du mir noch einen Glenlivet? Und kannst du mich dann gleich abkassieren?«

Er nickt und holt ein Glas.

Ich sehe noch mal in den Spiegel, dann nehme ich mein Handy aus der Hosentasche. Ich rufe sie an und sage ihr, dass ich in einer halben Stunde bei ihr bin und dass ich sie sehr lieb habe. Und sie sagt, dass sie sich auf mich freut und mich auch lieb hat.

Und dann will keiner von uns als Erster auflegen.

112 WEGE, SEINE EXFREUNDIN ZU TÖTEN

Tja, da hat sie tatsächlich Schluss mit mir gemacht. Hat was von verschiedenen Lebensplänen gefaselt und dass es einfach nicht mit uns funktioniert und hat Schluss gemacht. Meinte noch, wir könnten ja Freunde bleiben, und hat dann ein bisschen geweint.

»Ja, ja, Freunde. Klingt gut«, sagte ich also zu ihr, während ich meine Sachen packte und zur Tür ging. »Am Arsch«, dachte ich und sagte: »Das kriegen wir hin.«

Dann bin ich nach Hause, aber da war keiner außer mir. Alles ruhig. Dass ich mal ständiges Geplapper über Jura-Studium, Pferde und Schuheinkäufe vermissen würde, hätte ich nicht gedacht. Ich seufze ausgiebig, aber das zieht die Stimmung eher runter. Rufe meine Kumpels an, die sollen mich männlich bemuttern. Bevatern also, aber mehr so brüderlich. Meine brüderlichen Mütter haben keine Zeit, die machen alle was mit ihren Freundinnen, ist ja schließlich Samstag. Am Wochenende Schluss machen, ist echt schlechter Stil, denke ich.

Ich werde also alleine durch die Clubs ziehen müssen. Weiß gar nicht mehr, wie man das macht. Oder was ich anziehen soll. Sagt mir ja niemand mehr, was mir steht und was nicht. Und was mir gefällt, ist nicht von Belang, hat mir zumindest meine Freundin die letzten fünf Jahre so beigebogen. Meine Exfreundin. Da sind wir nun schon fast achtzig Minuten getrennt, und ich habe mich immer noch nicht an meinen neuen Status gewöhnt. Stehe unschlüssig vor meinem Kleiderschrank. Rufe meine Mutter an. Frage, was ich abends anziehen könnte, wolle mir was zum Bumsen aufreißen. Mutter sagt, ich solle gefälligst meine Freundin durchbumsen, und ich sag: »Nee, ist nicht mehr meine Freundin.«

»Wie, ihr seid auseinander?«, fragt Mutter.

»Ja, wir sind auseinander. Geschiedene Leute. Kramer gegen Kramer.«

Und dann sagt meine Mutter das, was Mütter in solchen Situationen halt so sagen: »Was hast du angestellt?«

»Nix«, sage ich und erkläre ihr dann eine halbe Stunde lang, was alles schiefgelaufen ist. Sie atmet tief durch, analysiert das Erzählte und sagt dann: »Was hast du angestellt?«

Ich schimpfe drauflos, dass ich ausnahmsweise, obwohl ein Mann, völlig unschuldig an meinem neuen Facebook-Beziehungsstatus bin und dass ich sie nicht angerufen habe, um mir Vorhaltungen machen zu lassen, sondern weil ich ihren modischen Rat brauche, um mir ein wenig weibliche Gesellschaft zu angeln, weil nachts Alleinsein scheiße ist. Sie seufzt und sagt dann: »Deine guten Jeans und das weinrote Hemd, darin siehst du recht durchbumsbar aus.«

»Na also«, sage ich und danke meiner Mutter. Sie ermahnt mich, dass eine saubere Unterbuxe noch wichtiger ist, als was man drüber trägt, dass ich mir nichts einfangen und den Kopf nicht hängen lassen soll. Sie schicke mir demnächst ein Paket mit Suppendosen und Socken. Suppen und Socken, die Universalantwort meiner Mutter auf all meine Probleme.

Prüfung verbockt? Suppen und Socken. Job verloren? Suppen und Socken. Borussia Dortmund steigt ab? Suppen und Socken, und das, obwohl ich überhaupt nicht auf Fußball stehe. Man weiß ja nie. Wenn mir bei einem grässlichen und sehr dummen Unfall der Unterkiefer und beide Füße weggerissen würden, am nächsten Tag stünde der DHL-Bote auf der Krankenhausmatte und würde sich von mir den Empfang eines Pakets mit Suppen und Socken bestätigen lassen. Suppen und Socken, Mama meint, damit ist alle Unbill ausgewischt. Aber was soll ich sagen? Warmer Bauch und warme Füße, es hilft einfach.

Aber jetzt hilft gar nichts. Bis zum Abend sind es noch einige Stunden, bis zum Zeitpunkt, an dem man als cooler Typ auf die Piste geht, noch zwei, drei mehr. Und ich bin allein. Allein gelassen. Allein und verlassen. Ich mache also das, was man in so einer Situation macht. Ich durchsuche meine Wohnung nach ihren Hinterlassenschaften. Das meiste finde ich im Bad. Ansonsten Klamotten, ihre Lieblingssüßigkeiten, ein paar CDs und ein Buch. Der zweite Teil der »Twilight«-Trilogie. Ich sehe das Cover an und seufze. Meine Ex war schon ein tolles Mädchen. Nicht klug, aber toll. Ich packe alles in einen Plastiksack und stelle ihn in die »Muss ich noch wegbringen«-Ecke im Flur, in der diverse Jutebeutel mit Leergut, Bücher aus der Uni-Bibliothek und die Anmeldung zur Briefwahl für die Bundestagswahl 2009 bunkern. Nur das »Twilight«-Buch entsorge ich im Altpapier. Sie hat mich zwar verlassen, aber das heißt nicht, dass ich nicht nett zu ihr sein kann. Danach nehme ich die gemeinsamen Fotos aus den Rahmen und von der Pinnwand. Ich stehe unschlüssig rum, dann weine ich etwas und stecke meinen Kopf in die Tiefkühltruhe. Der Versuch, meine Tränen einzufrieren, um sie ihr an die Haustür zu werfen, scheitert am Salzgehalt. Physik hat keinen Sinn für Liebeskummer. Krieg und Frieden, Physik und Romantik. Entweder oder.

Hilft nix, der Schmerz will betäubt sein. Also gehe ich los und hole mir Trost, im Volksmund auch »Kasten Bier« genannt. Ich kann ja schon mal vorglühen, damit der Abend richtig gut losgehen kann. Die Stille in der Wohnung werde ich wohl mit einem guten Film bekämpfen. Ich öffne das erste Bier und lege die DVD ein.

Als der Abspann vom dritten Teil von *Herr der Ringe* läuft, ist es schon nach Mitternacht. Nu aber los. Passt ja, das Bier ist eh fast alle. Zeit, sich schick zu machen. Ich laufe ein-, zweimal vor meine Wohnzimmertür, suche mein durchbumsbares weinrotes Hemd und finde eine Flasche Rotwein. Prima, ein Schlückchen noch und dann los. Eine Flasche später fällt mir ein, dass ich ja auch Whisky habe, und mir kommt eine Bombenidee. Ich nehme mir ein Glas, ein Blatt Papier, einen Stift und fange an zu schreiben.

Am nächsten Tag erwache ich mit höllischen Herzschmerzen. O Gott, das muss die enttäuschte Liebe sein, denke ich, und dass ich das mit den Herzschmerzen eigentlich immer für eine Metapher gehalten habe. Vielleicht ist es aber auch ein profaner Infarkt. Als ich genauer darüber nachdenke, fällt mir allerdings auf, dass gar nicht mein Herz, sondern mein Kopf wehtut. Ich habe einen Kater. Stöhnend will ich mir die Stirn reiben, stattdessen haue ich mir eine Flasche vor den Schädel, was es nicht besser macht. Ich sehe auf meine Hand, an die ein Scherzkeks eine Flasche Wodka getaped hat. Der Scherzkeks war vermutlich ich, da ich, erstens, seit gestern ganz alleine auf der Welt bin und mir, zweitens, die Klebebandrolle immer noch an der anderen Hand pappt. Ich fummele alles von meinen Pfoten und stehe ächzend auf, um den Schaden zu begutachten. Es sieht weniger schlimm aus, als ich dachte. Der Wohnzimmertisch ist komplett vollgestellt mit Leergut, auf dem Küchenboden ist eine Pyramide aus gebratenen Fischstäbchen errichtet, im Klo hat jemand eine ziemlich beleidigt wirkende Ziege an dem Siphon des Waschbeckens festgebunden, die Wohnzimmerwand ist mit diversen Tic-Tac-Toe-Spielen verunstaltet, die allesamt unentschieden ausgegangen sind und auf dem Couchtisch liegt ein Zettel, auf den ich etwas geschrieben habe. Eine Liste. Die Überschrift lautet: »112 Wege, seine Exfreundin zu töten«. Die 112 verrät meinen Kinderwunsch, Feuerwehrmann zu werden, analysiere ich und lese meine Meisterleistung durch. Die ersten Punkte sind noch unter dem Einfluss von Bier und Wein entstanden, was mich immer etwas bösartig, aber auch einfallslos werden lässt. Erwürgen, erstechen, erschießen, mit kleinen Katzen totwerfen, die Klassiker halt. Beim Whisky wird es schon etwas filmischer mit kleinen Skizzen von *Saw*-mäßigen Todesmaschinen, die allesamt eine gewisse Ähnlichkeit mit Thomas, der kleinen Lokomotive, haben. Danach kam vermutlich Ouzo dran, denn die nächsten Punkte sind in Klingonisch verfasst. Auf Ouzo werde ich immer zum Klingonen. Was ich anschließend getrunken habe, will ich gar nicht wissen. Punkt 32 lautet: »Fi fong fuu du kaputt, feiiii fuum du summski.« Das ist entweder Dadaismus oder Unzurechnungsfähigkeit. Danach folgt nur Gekritzel, oder ich kann seit heute Nacht fließend Höhlenzeichnung.

Ich betrachte den Zettel und schüttele den schmerzenden Kopf. Exfreundin töten, so ein Quatsch, denke ich. Nein, es wurde genug gejammert. Ich muss nach vorne sehen. Ich bin ein charmantes Kerlchen, ich werde schon eine neue Freundin finden. Charmant? Super bin ich. Ich stehe auf und klopfe mir auf die Brust, zerknülle das Blatt Papier und übe mich in Selbstmotivation: »Ich bin ein prima Fang. Ich bin der Gorilla im Hühnerkäfig. Unter allen Schwaben in Kreuzberg bin ich der Ostwestfale. Jede Frau kann froh sein, so einen duften Typen abzubekommen. Ich bin ein Bild von einem Mann.« Ich schaue in den Spiegel. »Jawoll, so isses. Ein Traummann«, sage ich, nicke mir selbst aufmunternd zu und kotze in meinen Kleiderschrank.

Epilog

DAS LEBEN IST KEIN PONYHOF

Ich sitze an der Haltestelle, warte auf den Bus und bin voller Elan deprimiert. Ich hocke ganz alleine da, und so ist das jetzt: Ich bin allein. Ganz allein.

Einsam und verlassen.

»Buhuhu«, sage ich leise. Echte Männer weinen nicht. Echte Männer sagen leise »Buhuhu«.

Ein kleiner Junge setzt sich zu mir, vielleicht fünf Jahre alt. Er sieht auch nicht unbedingt glücklich aus. Traurig wischt er auf seinem Smartphone herum. Ich linse auf den Bildschirm. Er spielt Autorennen. Ach ja, denke ich. Rennfahrer. Die sind auch einsam. Ab und zu eine harsche Anweisung über den Knopf im Ohr, aber das war's auch schon. Der einzige Kontakt bleibt der gelegentliche mit dem die Fahrbahn begrenzenden Beton.

»Wir werden einsam und verlassen sterben«, sage ich zu dem Jungen.

Er sieht von seinem Spiel auf und mich ernst an. »Bitches«, sagt er ernst und bietet mir einen Schluck aus seinem Flachmann an. Ich genehmige mir einen Schluck, und die Mische aus Frucht-Tiger und Ahoi-Brause bereitet mir ein wohliges Brennen in der Kehle.

»Nicht alle«, sage ich. »Nicht alle.«
Der Junge nickt.
Gemeinsam sitzen wir schweigend an der Haltestelle und warten auf das nächste Buch.

Danke für deine Aufmerksamkeit.
Aber sag mal: Warum hast du eigentlich eine Maske auf?

Leseprobe aus:

Micha-El Goehre

HÖLLENGLÖCKEN

Teil 2 der »Jungsmusik«-Trilogie

Roman

[...] Was ich völlig verdrängt habe, ist das Fußballspiel am selben Abend. Dortmund gegen Schalke. In Dortmund.

Die Bahn ist vollgestopft mit kostümierten Menschen, die so tun, als würden sie Fußball spielen können. Ich hasse das. Sie singen die beschissensten Lieder der Welt mit Titeln wie »Olé, olé«, »Shalala« oder »Zicke zacke, zicke zacke, hoi hoi hoi«, vermutlich weil mehr Text ihnen Angst machen würde.

Meine Laune geht stark Richtung grantig. Wir sind anscheinend die einzigen Konzertgänger, die dumm oder faul genug sind, sich die Fahrt in der S-Bahn anzutun. Während wir mit einem ganzen Haufen Schalkefans eingepfercht sind, sehen wir draußen ab und zu Gruppen von Langhaarigen in die gleiche Richtung pilgern, was die geistige Elite der Nordkurve immer wieder zum Anlass nimmt, deren »schwuchteliges« Aussehen zu kommentieren.

»WASCHT EUCH MAL, IHR SCHEIß-HIPPIES!«, brüllt ein besonders unangenehmes Fanexemplar. Ich spare mir den Hinweis, dass es nicht besonders wagemutig ist, das den Metalheads draußen hinterherzubrüllen, da diese durch die Scheibe überhaupt nichts hören, und dass außerdem der Brüllende selbst derjenige ist, der wie ein Iltis stinkt, weil sich sein Trikot schon mit Bauchfaltenschweiß vollgesogen hat.

Auch Sven ist genervt. Wir haben uns in eine Ecke an der Tür gequetscht, nuckeln an unseren Bierdosen und versuchen, unseren Seelenort zu finden, einen Ort, wo es sich besser aushalten ließe: Stalingrad oder der sechste Kreis der Hölle. Ich probiere, nicht aufzufallen, Sven verfolgt eine andere Strategie. Gerade als die Herde zwischen zwei »Shalalas« Pause macht, um durchzuatmen, einen Schluck Bier zu kippen oder noch mal den Liedtext im Kopf durchzugehen, meldet er sich zu Wort.

Knochentrocken und für jeden in der Bahn hörbar sagt Sven: »Hey, dafür, dass euer Scheißverein beim letzten Mal von Dortmund den Arsch vollgekriegt hat, seid ihr aber ganz schön gut drauf.«

Stille. Eine Herde betrunkener Stiere dreht sich zu uns um. Wir sind zwei schwarze rote Tücher. In mir sackt etwas nach unten. Wenn wir das überleben, bringe ich Sven um, ich schwöre es!

In diesem Moment hält die Bahn, und die Tür öffnet sich klappernd neben uns. Sven grinst und zeigt der versammelten Mannschaft den Mittelfinger. »Tschüss, ihr Loser. FUCK SCHALKE!«

Dann rennt er zur Tür raus und zerrt mich mit. Ich höre irgendjemanden brüllen, dass man doch bitte die Wichser packen und alle machen soll, und nehme erstens an, dass damit wir gemeint sind, und zweitens die Beine in die Hand.

»Du Arsch!«, fauche ich Sven an.

»Halt den Rand und lauf«, sagt er und lacht.

Wir haben den Vorteil der Spartaner: Die Perser drängen alle gleichzeitig durch die schmalen Thermophylen der Bahntür und stehen sich dabei ziemlich im Weg. Wir erlauben uns einen guten Vorsprung, aber das nützt nicht viel, weil wir eine große schnurgerade Straße entlanglaufen. Keine schlecht einsehbaren Abzweigungen, die uns Sichtdeckung geben könnten. Der königsblaue Mob hat keine Probleme, seine zwei neuen Lieblingsprügelknaben zu sichten und aufzuschließen. Als ich über die Schulter schaue, ist unser Vorsprung schon deutlich geschrumpft, und ich kann deutlich ziemlich glaubhafte Gewaltandrohungen hören.

»Rechts!« Sven biegt ab, und ich folge ihm. Wir rennen in eine kleine Seitenstraße, die einem aber auch keine Möglichkeiten bietet, sich zu verstecken.

»Links!« Sven rennt auf den Hof eines kleinen dreistöckigen Bürogebäudes. Als ich gerade um die Ecke biege, zerplatzt knapp hinter mir eine Flasche auf dem Asphalt. Die Fußball-Penner meinen es echt ernst, die wollen uns an den Kragen. So viel Aufregung wegen so einem Langweilersport, denke ich, und dass das ein ziemlich blöder Grund wäre, auf Intensivstation oder Friedhof zu landen und, noch schlimmer, ein *Maiden*-Konzert zu verpassen. [...]

Überall erhältlich und bei www.satyr-verlag.de

Die JUNGSMUSIK-Trilogie von Micha-El Goehre:

Band 1: Jungsmusik (2011)
Band 2: Höllenglöcken (2013)
Band 3: Straßenköter (vorauss. 2015)

Sechs Heavy-Metal-Fans in den Mittzwanzigern treffen auf den Ernst des Lebens, der mit zunehmender Ungeduld an ihre Türen klopft. Eine Coming-of-Age-Saga der anderen Art: Härter. Metallischer. Und komischer.

»*Goehre führt tief hinein in die durchritualisierte Welt der Metaller-Szene, versteht es aber gleichzeitig, auch Nicht-Metaller für seine Figuren zu interessieren. Und Goehre hat Sprachwitz.*« (Mitteldeutsche Zeitung)

»*Ein unterhaltsames Cliquenporträt*« (WDR 1Live)

Micha-El Goehre
JUNGSMUSIK und HÖLLENGLÖCKEN. Romane.
293 S./303 S., broschiert, je 14,90 Euro
auch als E-Books erhältlich